微生物学先驱与诺贝尔奖

Pioneers of Microbiology and the Nobel Prize

微生物学先驱与诺贝尔奖

Pioneers of Microbiology and the Nobel Prize

〔瑞典〕乌尔夫·拉格奎斯特　著

高　峰　孙业平　译
吴　燕　高　福　校

科学出版社

北　京

图字：01-2018-8365 号

内 容 简 介

　　本书讲述了四位获得过诺贝尔生理学或医学奖的伟大微生物学先驱——埃米尔·冯·贝林、罗伯特·科赫、保罗·埃尔利希和埃黎耶·梅契尼可夫的故事及其在科学领域做出的贡献；呈现了19世纪医学科学的突破，尤其是医学微生物学领域的发展；揭秘了诺贝尔奖评选委员会成员提名与调研诺贝尔奖候选者的有趣故事。

　　希望将本书献给生命科学及医学相关领域的科研工作者、广大青少年，以及所有热爱科学的读者。

图书在版编目（CIP）数据

微生物学先驱与诺贝尔奖 / (瑞典) 乌尔夫·拉格奎斯特 (Ulf Lagerkvist) 著，高峰，孙业平译—北京：科学出版社，2019.3
书名原文：Pioneers of Microbiology and the Nobel Prize
ISBN 978-7-03-060715-7

Ⅰ.①微… Ⅱ.①乌… ②高… ③孙… Ⅲ.①诺贝尔奖-微生物学-生物学家-人物研究-世界 Ⅳ.①K816.15

中国版本图书馆 CIP 数据核字(2019)第 040892 号

责任编辑：王 静 罗 静 高璐佳 / 责任校对：郑金红
责任印制：徐晓晨 / 封面设计：无极书装

科学出版社 出版
北京东黄城根北街 16 号
邮政编码：100717
http://www.sciencep.com

北京虎彩文化传播有限公司 印刷
科学出版社发行 各地新华书店经销
*
2019 年 3 月第 一 版 开本：787×1092 1/16
2020 年 6 月第三次印刷 印张：10 3/4
字数：170 000
定价：**88.00 元**
(如有印装质量问题，我社负责调换)

原作者简介

  1964 至 1991 年乌尔夫·拉格奎斯特（Ulf Lagerkvist）在哥德堡大学医学生物化学系任教授。在退休后（退休荣誉教授），他不但一直在科学界十分活跃，还成为了一位杰出的科普作家。他之前的著作《DNA先驱们与他们的传承》（*DNA Pioneers and Their Legacy*，1998 年由耶鲁大学出版社出版）是一本对 20 世纪最伟大科学发现的精辟总结。作为卡罗林斯卡学院的校友以及瑞典皇家科学院的院士，他拥有关于诺贝尔奖的第一手资料。他作为医学生物化学方面的终身教授的经历以及他对科学史的年深日久的兴趣都为他绘制精准的微生物学发展史提供了知识。所有的一切与动人的写作以及简练的文笔结合在一起。大量的照片使这本书更加生动，让故事的人物更加贴近读者。

译 者 序

自古以来，人类一直受到传染病的困扰，可以说，人类文明史就是一部与传染病斗争的历史。天花、梅毒、炭疽、肺结核、鼠疫、霍乱、白喉、疟疾、流感、艾滋病、重症急性呼吸综合征（SARS）和埃博拉病毒病这些恶魔般的传染病，夺去了无数人的生命，给人类带来了无尽的苦难，也深刻影响着文明的进程。

19世纪初的欧洲医学仍然被希波克拉底的体液学说所主导，人们对传染病的病因没有正确的认识。直到19世纪中叶，科学家才确立细菌在传染病中的作用，发现了抗体和细胞免疫，开创了血清治疗法和化学治疗法。埃米尔·冯·贝林、罗伯特·科赫、保罗·埃尔利希和埃黎耶·梅契尼可夫正是取得这一系列具有划时代意义伟大成就的微生物学先驱与人类的导师。他们的工作为人类带来了福祉，开创了一个新的医学时代，并因此被授予诺贝尔生理学或医学奖。他们的很多科学思想和研究方法，至今仍被广泛地接受和采用。

瑞典哥德堡大学医学生物化学系教授乌尔夫·拉格奎斯特的《微生物学先驱与诺贝尔奖》（*Pioneers of Microbiology and the Nobel Prize*）一书，是记述这四位诺贝尔奖得主生平故事的著作。该书以翔实的资料和简练、生动的语言详细描述了他们的出身、学习经历、奋斗历程、给他们带来巨大荣誉的成就、他们的为人与性格、同时代人对他们的看法，以及诺贝尔奖评选委员会对他们的评价。

在国家自然科学基金委员会副主任、中国疾病预防控制中心主任高福院士的提议和推动下，我们将该书翻译成中文，将它带给中国的读者。这本译作得以顺利出版，要感谢高福主任一直以来对翻译工作的鼓励和指导，要感谢中国科学院北京生命科学研究院的吴燕副研究员认真细致的校对工作和对翻译提出的意见及建议，要感谢科学出版社的罗静和王静两位女士的热心帮助。当然，最要感谢的是本书的原作者乌尔夫·拉格奎斯特带给我们这样一本优秀的科普著作。但是，不幸的是，当我们和他联系并邀请他为中文版写序的时候才得知，他在不久前已经逝世了。

希望这本译作能让中国的广大读者开始熟悉 19 世纪西方的这段医学史，以及像灯塔一样照亮那个时代医学发展航程的伟大人物；希望我们能认真思考我国在现代医学发展中落后的原因并找出"发力点"，迎头赶上，发出中国"最强音"；希望更多的人关心和支持微生物学研究和传染病防控及（工业）微生物事业，并加入这场传染病的防控和（工业）微生物产业发展中来；希望从事生命科学研究的中国科学家和疾病防控与公共卫生工作者能从中汲取智慧及力量，在这场斗争中做出更大的贡献；也希望在不远的将来，有更多的中国人站上诺贝尔奖的领奖台。

高　峰　孙业平
2019 年 2 月 28 日于北京

原 书 前 言

　　本书讲述了四位伟大的医学微生物学先驱——埃米尔·冯·贝林、罗伯特·科赫、保罗·埃尔利希和埃黎耶·梅契尼可夫的故事及其在科学领域做出的贡献。他们均获得过诺贝尔生理学或医学奖。因此，探究他们的发现对于现代科学的影响，尤其是对在斯德哥尔摩卡罗林斯卡学院曾经负责评选早期的医学诺贝尔奖候选人的同僚的影响，是非常有意思的一件事情。为了更好地理解他们的成就，给读者简短介绍一下 19世纪科学医学的突破，尤其是医学微生物学的出现，是非常有必要的。本书的受众群主要是非医学专业人士，我已经尽量既避免使用佶屈聱牙的科学词汇，又不落入只讲趣闻轶事的俗套。

　　非常感激卡罗林斯卡学院诺贝尔奖评奖大会和评选委员会允许我查阅埃米尔·冯·贝林、罗伯特·科赫、保罗·埃尔利希和埃黎耶·梅契尼可夫这四位科学家的档案信息。

目　录

引　言

　　希波克拉底学说主导了公元前 4 世纪到 19 世纪初的医学思想。这种思想最初传播到罗马，在那里希腊医生盖伦（Galen，公元 130—200）活跃于所有的医学领域。阿拉伯帝国的医生也学习他的著作，希波克拉底医学在阿拉伯世界找到了一个躲避中世纪西欧盛行的残酷的文化风暴的避难所。10 世纪，希波克拉底医学作为伊斯兰医学重新进入南欧，并在著名的萨莱诺医学院和博洛尼亚大学及蒙彼利埃大学的医学院确立了自己的地位。

　　赋予经典医学令人惊奇的生命力的并不是我们今天所仰慕的希波克拉底学派的医生敏锐的临床洞察力，而是四种体液的学说。它们正确的比例决定了个体的健康，所有疾病最终被归结为血液、黏液、黄胆汁和黑胆汁之间脆弱平衡的紊乱。因此，希波克拉底医学对我们认为很重要的正确诊断漠不关心。在希波克拉底医学的最终分析中，所有疾病起因相同，都是由体液紊乱导致的，治疗方法也一样——不同种类的放血、催吐药和泻药。这些方法的目的都是恢复体液之间的正确平衡。

　　即使在 17 世纪文艺复兴和科学革命时期，在安德烈亚斯·维萨留斯（1514—1564）使解剖学重获青春、威廉·哈维（1578—1657）用血液循环的发现为现代生理学奠定基础的时候，临床医学对希波克拉底和盖伦学说毫无批判的依赖仍没有任何改变。直到 19 世纪初，以科学方法为基础的医学才开始出现，它不仅出现在实验室，也在某些程度上出现在诊所。到了19 世纪中期，医学思想越来越趋向于以构建所有生命体的结构元件——细胞为中心。

细胞时代

疾病的位置

同许多其他医学词汇一样，病理学这个词来源于希腊语，意思是痛苦科学或对痛苦的研究。从字面上看，这个词汇的出现可以追溯到人类起源时期，但即使将其解释为"疾病的研究"，其来源也是十分晦涩难懂的。此外，在较为狭义的病理解剖学，即疾病导致器官或组织构造上的改变这个范畴中，病理学的起源与一个主要人物，即意大利解剖学家乔瓦尼·巴蒂斯塔·莫尔加尼（Giovanni Battista Morgagni，1682—1771）息息相关。

莫尔加尼出生于意大利北部一个叫弗利的小镇，之后在博洛尼亚学习医学，并于 1701 年毕业。他的解剖学老师是著名的安东尼奥·瓦尔萨尔瓦（Antonio Valsalva），瓦尔萨尔瓦因解剖耳朵而出名。瓦尔萨尔瓦是显微解剖学创始人马赛罗·马尔皮吉（Marcello Malpighi）的拥趸，这形象地说明了显微解剖学在当时的意大利医科学校占有多么重要的地位。莫尔加尼在威尼斯和弗利常年行医，之后于 1715 年被任命为帕多瓦大学解剖学教授，直到他 89 岁去世（在 18 世纪的意大利，教授没有强制退休年龄）。莫尔加尼对解剖学做出了很多有价值的贡献，其中最重要的工作是他的一部意义深远的著作——《论解剖揭示的疾病的位置与原因》。

不能责怪他匆忙印制了一部半成品；因为直到 1761 年，在莫尔加尼 79 岁的时候他的这部论著才得以出版。这部论著本来的形式大概是写给一位身份从未被揭开的年轻同事的 70 封信。这可能正是那种 18 世纪人们所喜爱的文字神秘化的产物。莫尔加尼的书之所以引人注目，是因为疾病第一次被认为是由身体器官的变化所引起的，而不是希波克拉底所认为的由体液平衡被打破所引起的。系统地说，莫尔加尼通过研究不同器官的病理学，试图将他在解剖中的发现和临床实践相结合。在他的发现中必须要提及的是他对于主动脉瘤的描述，以及他观察到伴有一侧脑损害的脑卒中可导致另一侧身体偏瘫的现象。

18 世纪的人们热衷于自然中一切新奇有趣的事物。用于装饰权贵阶层的寓所的稀罕有趣之物的陈列柜是那个时期的典型特征。当莫尔加尼初涉医学

乔瓦尼·巴蒂斯塔·莫尔加尼（Giovanni Battista Morgagni, 1682—1771）

由瑞典斯德哥尔摩邦尼尔集团提供

领域时，病理学仅仅是个新奇的事物。病理学的前辈瑞士医生泰奥菲勒·博内特（Théophile Bonet）几乎将所有精力都用在这些研究上。尽管莫尔加尼的同事并不欣赏他毕生从事的重要工作，但是莫尔加尼凭借着《疾病位置》（De Sedibus）独自开创了医学领域的一个新的分支。在提到当代医学中富于想象力的理论时，莫尔加尼曾说，那些做过很多尸体解剖的人至少学会了怀疑，这与那些对尸体上发生的构造改变视而不见的人的过分自信形成鲜明对比。未来将会证明他是完全正确的，证明 19 世纪病理学令人瞩目的发展是在他奠定的基础上建立起来的。

生命主义与自然哲学

在兴盛于 17 世纪和 18 世纪的医学界的所有新奇理论中，生命主义是到目前为止最持久的一个。生命主义的一位早期拥护者是法国医生泰奥菲勒·德·博尔德（Théophile de Bordeu，1722—1776），他的职业生涯大部分是在巴黎度过的，而他是在蒙彼利埃接受教育的，这个地方后来成为生命主义的堡垒之一。博尔德对腺体最感兴趣，他认为腺体的功能依赖于一种神秘的生命力，因此称为生命主义。这种有点难以理解的哲学显然与简单机械地解释身体功能的物理医学派学者或者也称医疗力学的理念形成鲜明对比。例如，他们把腺体看作一种筛子，血液中的某些成分能够通过并产生各种分泌物。博尔德反对将身体看作复杂的机器，坚持身体的功能依赖于只存在于活的生物体内的生命力。因此这些功能在体外不能复制。

博尔德提出的生命主义的概念看似有些模糊和耽于幻想，但是同时他具有令人瞩目的靠直觉预测发生在未来的伟大发现的能力。例如，他提出身体所有主要器官都是作为腺体各自通过将某些特定物质分泌到血液中而发挥功能的，因此各个器官通过血液循环相互影响。他还推测青春期发育中性特征的出现是由性腺的分泌物造成的。博尔德通过巧妙的方法预见了我们现在所说的内分泌学。

脑解剖学家约翰·赖尔（Johann Reil）将 Lebenskraft（"生命力"）的概念引入德国，在那里，生命主义这一概念被欣然接受。最初，德国的生命主义比法国的变体更富有哲学和神秘的特征，并且逐渐成为自然哲学的医学分支，而自然哲学是兴盛于 19 世纪初的德国的一个学派。康德（Kant）

泰奥菲勒·德·博尔德（Théophile de Bordeu, 1722—1776）
由瑞典斯德哥尔摩邦尼尔集团提供

的一位杰出学生、著名的哲学家弗里德里希·威廉·谢林（Friedrich Wilhelm Schelling，1775—1854）是这个学派的领导者，在 22 岁的时候，少年老成的谢林出版了他的名为《关于自然的哲学思想》（*Ideen zu einer Philosophie der Natur*）的书，成为自然哲学的经典著作。

谢林相信大自然拥有灵魂，在他的观念中，甚至无生命的物质都具有生命的迹象，像电和磁这样的现象就是证明。他的教导尤其在德国的医生中激发了巨大的几乎是宗教般的热情。其中最吸引医生的是，谢林认为医学是所有科学中最重要的、最接近神学的一种。自然哲学的核心思想是宇宙中所有事物都具有极性。生命被认为是在正极和负极之间，在太阳正极和地球负极之间摆动。男性特征主要受到太阳的影响，而女性特征更偏向于受地球的影响。疾病被认为是由自然极性的紊乱所引起的，但是也可以解释为在造物的等级结构中从较高阶层跌落到了较低阶层，在这种等级结构中，人类处于生物阶梯的顶端。

主宫医院的纪念碑

从散发着难闻气味的尸体上搜寻关于疾病的新真相对德国自然哲学的医学分支学派没有吸引力。既然形而上学的推测更令人愉快而且如此容易，为什么还要去忍受严酷现实带来的困扰？但是，就在法国大革命后，一位年轻的医生从年老的意大利导师那里继承了病理学衣钵并将其向前推进了重要的一步。

马里·弗朗索瓦·沙威尔·比沙（Marie Francois Xavier Bichat，1771—1802）出生于靠近瑞士边境的名为图瓦雷特的小村庄。虽然他的父亲是一位医生，但是他年少时在里昂学习修辞和哲学而不是医学。然而他在 20 岁的时候开始学习医学，并且在很短的一段时间后，他就在得胜的共和军队里做外科医生助理，并成为巴黎主宫医院著名外科医生皮埃尔·德绍特（Pierre Desault）最喜欢的学生。德绍特发现了这位年轻助理优秀的素质，但是不幸的是，他们之间的合作并没有持续很久。1795 年，德绍特突发疾病，没多久就去世了，并给比沙留下了令他伤心的差事：编辑并出版他敬爱的老师的科学论文。比沙自己的生命虽然很短暂，但是他对科学的全身心的投入和强大的工作能力使他在短暂的人生中对医学做出了持久性

弗里德里希·威廉·谢林（Friedrich Wilhelm Schelling, 1775—1854）
由瑞典斯德哥尔摩邦尼尔集团提供

沙威尔·比沙（Xavier Bichat, 1771—1802）

由瑞典斯德哥尔摩邦尼尔集团提供

的贡献。

1801 年，比沙发表了他最重要的工作《普通解剖学》(*Anatomie Générale*)。与他的前辈莫尔加尼一样，比沙强调在身体功能和疾病中处于主要地位的是固态的器官而不是体液。但是，比莫尔加尼更进一步的是，比沙指出组织是生命特性的体现者。比沙意识到器官是由许多具有不同特性的组织组成的。当一个器官中的一种组织可能受疾病影响时，这个器官的其他部分仍是相对完整的。举例来说，比沙指出，在脑膜炎发病过程中脑膜是炎症发生的部位，而脑部本身可能完全没有受到影响。在提出了组织的现代概念之后，比沙却令人意外地轻蔑地拒绝使用显微镜这种能近距离观察组织的最重要的设备。他认为显微镜完全没有价值，但必须承认在那个时代能找到的显微镜还没那么先进。下一代的病理学家充分认识到显微镜的功能，这才将病理学带进一个新的更复杂的层次——细胞病理学。

生命特性的概念是比沙生物学思想中的一个基本元素，在他编撰的哲学范畴的论文《生与死的哲学研究》(*Physiological Studies of Life and Death*)中，他将自己的观点总结成一句著名的格言：生命是抗拒死亡的所有功能的总和。他还坚持生命特征与无生命世界的现象不同，因此不能用物理定律解释。毫无疑问，在比沙的总体态度中有生命主义的元素，他赞赏蒙彼利埃的医学院，那里是自博尔德时代以来法国生命主义的中心。也许比沙的父亲在蒙彼利埃接受医学训练的经历对比沙有显著的影响。

比沙对法国医学思想具有深远影响，甚至于不推崇形而上学的生命主义的克洛德·贝尔纳也称赞比沙想法的重要性。这些思想在医学范畴之外也给人们启迪。怀疑论者和悲观论者亚瑟·叔本华坚称他是比沙的信徒。甚至连拿破仑似乎也是比沙的崇拜者，当听到比沙的死讯，他命人在主宫医院竖起了一块刻有比沙和德绍特名字的大理石碑。这是一个法国著名统治者对于一个年轻而低层"见习医生"的令人难以想象的褒奖。

细胞病理学

由于比沙在法国一线临床医师中的深远影响，病理解剖学为医学的新概念和全新的看法铺平了道路。新一代的医师尝试将他们在临床上观察到的现象与解剖中的发现联系到一起，替代了基于想象和人为医疗系统的不可靠推测。不仅在法国如此，在德语国家也是如此。在著名的维也纳总医院，卡尔·冯·罗基坦斯基（Karl von Rokitansky）从事由莫尔加尼和比沙引入的病理解剖学的相关工作，甚至在医学长期被自然哲学学说所束缚的德国，这个新概念也得到了发展。19 世纪上半叶德国医师的领导者是约翰·卢卡斯·舍恩莱因（Johann Lucas Schönlein，1793—1864），他讲的课是新旧思想的奇怪的混合体。例如，他在教学中认为疾病是由生物体中个体和行星法则之间平衡的缺失造成的——这是将自然哲学的混沌思维应用于医学问题的完美的例子。此外，他将物理诊断的新方法，即叩诊和听诊引入德国医学中，而且他很清楚病理解剖学对于医生的重要性。现代病理学领域最伟大的人物是他的学生，这一点尤其重要。

1848 年的一位年轻的改革者

鲁道夫·菲尔绍（Rudolf Virchow，1821—1902）生于遥远东方的波美拉尼亚，他的父亲是做小本生意的。他家的经济条件不是很好，但是菲尔绍还是进入了克斯林的高级中学学习，并在那里展现出科学和人文方面的天赋。他被认为是与德国医学界中其他优秀人物一样有前途的人，被柏林的弗里德里希·威廉学院录取免费学习医学。在这里，约翰内斯·缪勒（Johannes Müller）对他进行了生理学方面的训练，而约翰·舍恩莱因（Johann Schönlein）对他进行了病理解剖学和临床医学方面的训练。菲尔绍于 1843 年获得医学博士学位，并在柏林的夏洛特医院任住院医生，在这里他开始了血管血栓形成和栓塞研究。

菲尔绍的上司显然被他的天赋所折服，因此菲尔绍在 24 岁时就受邀给弗里德里希·威廉学院的高级听众讲课。菲尔绍很健谈而且很自信，他已经成为德国医学界激进的新生代的代言人。与他的导师舍恩莱因不同，菲尔绍完全排斥自然哲学的形而上学的推测，强调医学的进步必须建立在三个重要的基础上：利用新的诊断方法支持的临床观察；利用实验动物进行的生理学和药理学实验；以及病理解剖学，他在此强调显微镜在病理解剖学中的巨大潜力。他公然宣称生命不过是生物的基本生命单元——细胞中物理和化学过程的总和，这得罪了他的听众中很多受人尊敬的绅士。

鲁道夫·菲尔绍（Rudolf Virchow, 1821—1902）

由瑞典斯德哥尔摩邦尼尔集团提供

1847 年，菲尔绍成为柏林大学约翰内斯·缪勒手下的一名讲师，并作为病理学家供职于夏洛特医院。为了宣传他的全新理念，他开办了一本属于他自己的科学杂志《病理解剖学和生理学档案》（*Archiv für patologische Anatomie und Physiologie*），这本杂志注定成为 19 世纪一流医学杂志之一。杂志开办之初，他在编者寄语中声明形而上学的推测不被这本杂志所接受："系统研究的时代还没有到来，但是对于细节进行调查研究的时代已经到来"。他的政治观点和医学观点一样激进。

当 1848 年上西里西亚出现斑疹伤寒时，菲尔绍作为政府委员会的一员参与疫情暴发的调查。他被见到的社会现实，尤其是波兰的少数民族的社会条件所震惊，于是他更加坚信自由的观点。在给普鲁士政府的报告中，菲尔绍不仅建议采取医疗措施，还建议进行彻底的社会和经济改革。他的这些建议并没有得到当政者的支持，因为他们受到废黜了法国国王路易·菲利普并正要波及欧洲其他国家的法国大革命的震动。1848 年 3 月，柏林人民发动起义，菲尔绍成为其中一员。这次起义很快就被忠于国王的军队所镇压。最终，菲尔绍为他的政治活动付出了代价并被夏洛特医院开除。他认为离开柏林是最好的选择，并于 1849 年在伍兹堡谋得了一份病理解剖学教授的职位。

显微镜的胜利

对于我们来说，细胞是我们所认识的生物世界的核心。我们完全同意细胞以外不存在生命的学说。然而，直到 19 世纪上半叶，生物学中细胞的卓越思想才出现。尽管马尔皮吉已经在植物材料中看到细胞，但是直到 19 世纪 30 年代英国植物学家罗伯特·布朗（Robert Brown）发现植物细胞有细胞核时，植物细胞的发现才被重视。在那时，德国植物学家马蒂亚斯·施莱登（Matthias Schleiden）已经意识到了细胞的重要性及细胞核对于植物生命的重要性。他是解剖学家西奥多·施旺（Theodor Schwann）的好朋友，施旺从与施莱登共进晚餐时的对话中受到启发，在动物组织中寻找细胞。1839 年施旺发表了自己的研究成果，这代表着细胞理论的真正突破。尽管如此，正如我们所见，他不得不与其他几位先驱分享这个荣誉，其中包括1837 年描述了与在植物中发现的细胞相联系的动物组织结构的捷克生理学

西奥多·施旺（Theodor Schwann, 1810—1882）

由瑞典斯德哥尔摩邦尼尔集团提供

家和组织学家杨·伊万杰利斯塔·浦肯野（Johannse Evangelista Purkinje）。

与比沙不同，菲尔绍清楚地看到了显微镜的重要性，并意识到显微镜能把病理学研究提升到细胞水平。正如他自己曾经说的，这样的技术把人们对于生命的认识水平提升了 300 倍。他被强迫流亡伍兹堡，从而远离政治，这也给了他研究细胞病理学基本概念及着手出版他六大卷的《病理学各论与治疗教程》所需要的时间。最终普鲁士当局似乎后悔开除菲尔绍，1856 年他以胜利者的姿态回到柏林大学任病理解剖学主任。他迅速召集了一批杰出的青年病理学家来到他身边，包括研究炎症过程中显微特性的尤利乌斯·科恩海姆（Julius Cohnheim）和首次描述皮肤肿瘤并以其名字命名的弗里德里希·冯·瑞克林豪森（Friedrich von Recklinghausen）。

1858 年菲尔绍出版了对现代医学最富影响力的书之一的《基于生理和病理组织学的细胞病理学》。这本书首次提出细胞生物学（在当时暗指对细胞形态学及其与健康和患病时细胞功能关系的研究）是病理学最重要的部分。这意味着医学领域一个全新的开始，也意味着菲尔绍对今后一个多世纪的医学发展无可比拟的影响。

施旺相信单个细胞来自一种没有规则的形状和结构的细胞团，但是菲尔绍认为所有的细胞都是其他细胞的后代，引自他的一句名言"每一个细胞都来自另一个细胞"。他将恶性细胞也包括在内。这些恶性细胞来自身体中正常的细胞的观点在我们看来是显而易见的，但在当时却是首创的。现代细胞生物学是菲尔绍研究的直接延续，尽管与菲尔绍时代的细胞生物学的重要差别是我们尝试从分子层面解释细胞过程，而没有受到像菲尔绍那样只能用显微镜观察的局限。

由于对社会底层弱势群体的深深同情，菲尔绍认为社会因素是感染性疾病暴发的重要因素。他年轻的时候经历过在上西里西亚发生的斑疹伤寒流行，毫无疑问这对他这种观点的形成起到关键作用。这也许是他怀疑细菌学，强调感染性疾病的多因素特性的原因之一。这种态度毋庸置疑使他在很多事情上过于固执。例如，他固执地拒绝接受塞麦尔维斯提出的以洗手作为预防产褥热的措施。虽然菲尔绍有许多令人尊敬的品质，但有时候他可能有些教条主义，对于自己一贯正确的判断有点过于自信，并且他有卷入科学和政治问题上激烈冲突的倾向。

一场取消的决斗

菲尔绍早期的政治兴趣十分坚定，1859年他被任命为柏林市议会议员，在任期间他积极推进了迅速改善城市的公共卫生条件。1861 年，他作为他参与创立的自由党的代表，当选普鲁士国会下议院的议员。他成为反对俾斯麦的反对派领袖，强烈反对首相的军费开支和将德国所有的州都统一在普鲁士领导下的规划，这种规划实际上直接导致 1871 年普法战争获胜后德意志帝国的创立。与俾斯麦的冲突发展到了十分激烈的程度，以至于恼怒的铁血首相向菲尔绍提出决斗的挑战。由于高层出面协调，这场决斗得以避免，这是医学的幸运。

菲尔绍对于人类学和考古学也很有兴趣。他是业余考古学家海因里希·施利曼的朋友，曾在推测的古代特洛伊的位置和埃及都进行了挖掘工作。1901 年他 80 岁诞辰的时候，人们举行了世界范围的庆祝仪式来纪念他在病理学革新上做出的杰出贡献。在他漫长的一生中，他对科学医学的胜利发挥了不可替代的作用，实际上在他年轻的时候德国医学还是受到自然哲学模糊学说的强烈影响的。是他，把科学医学推上世界范围内的统治地位。

新一代生理学

生理学何时成为成熟的科学已难以探究。盖伦就已经进行了系统的生理学实验，例如，在神经生理学方面，他是开拓者。整体来说，似乎哈维发现血液循环最应该被认为是生理学研究的开端；从此，长久以来散落在这个领域内的所有不切实际的推测突然都被摒弃了，并被基于可靠的实验研究建立的符合逻辑的体系所替代。然而，在这个体系中，并非所有的认知都是理性的，都是建立在对 17 世纪医学的实验结果和临床的审慎评价基础上的。尝试为一切事物寻找一个共同特性，用一个答案回答所有问题的简单的归纳的倾向也是存在的。那时处于支配地位的主要思想流派是物理医学派，他们试图把活生物体还原为能够从纯力学方面理解的复杂的机器。新一代生理学反对这种简化的、单纯的模型，认为生物体不能被类比成日常生活中普通的机器。

克洛德·贝尔纳（Claude Bernard，1813—1878）出生于罗讷省圣于连郊外的一个小村庄，他的父母都是葡萄园的工人。他在一个不富裕的环境中长大，并在当地的一所教会学校读书，他的学习并不是很令人满意，尤其是从科学的角度来看。他19岁的时候在里昂附近的一个药商处做学徒。在那里的药剂学工作经历使他终生都对临床医学和药物持怀疑态度。尽管如此，在尝试过轻松喜剧和戏剧作家失败后，他怀着复杂的心情接受了在巴黎的医学学习。

没有任何事情预示医学院学生克洛德·贝尔纳能够成为现代生理学的奠基人。相反，他被认为是没有前途的，当后来他迅速成名时，他的同学都感到十分惊讶。1839年，他获得著名医生和生理学家弗朗索瓦·麦根迪（Francois Magendie）的同意，在主宫医院当实习医生。这位教授很快就注意到贝尔纳在活体解剖实验方面的天赋。贝尔纳成为他的助手并在1855年麦根迪去世后，作为法兰西学院的医学教授接了班。贝尔纳的讲座最关注于向听众介绍生理学最新进展，特别是强调他自己的研究进展。正如他常常说："要展示正在做的科学，而非已经做过了的科学。"这些讲座吸引了包括很多来自世界各地的杰出科学家在内的听众，并由学院作为一系列"教程"出版。贝尔纳获得了很多荣誉，包括被授予法国荣誉军团勋章、任帝国的参议员及法兰西科学院院士，他还成为法兰西科学院的院长。

1843年贝尔纳在他的博士论文中提出唾液和胃液中含有能消化食物成分的酶。因此，所有碳水化合物在被机体吸收和利用之前被分解成单糖。几年后，他因在用狗和兔子做的试验中的偶然发现而受到启发：运输从肠道吸收的脂肪的乳糜管，在低于胰腺导管开口于肠道的位置处充满了脂肪，但在高于这个位置的乳糜管中却没有脂肪。他认为，胰液起到消化和皂化脂肪的作用，联合胆汁乳化作用导致脂肪能够被小肠壁所吸收，从而形成乳糜。此外，贝尔纳意识到他所说的"营养"，用现在的术语来说称为中间代谢，是一个非常复杂的过程，是许多酶催化的化学反应的复杂系统。

麦根迪证明血液中含有糖，而且他认为血液中的糖来源于饮食中摄入的糖。1848年，贝尔纳发现血糖水平是不依赖于食物吸收而保持恒定的。似乎是肝脏制造的糖进入血液。之后，他用水灌流的离体肝脏进行试验。

克洛德·贝尔纳（Claude Bernard, 1813—1878）

由瑞典斯德哥尔摩邦尼尔集团提供

他发现维持温热离体肝脏仍能制造糖，但是在肝脏最终冷却后，水中检测不到糖的存在。但是如果肝脏再次被加热，就又可以制造糖了。贝尔纳推断肝脏肯定含有一种特殊的"生糖原"的物质，同年他在肝脏中发现了"动物淀粉"（糖原）。

与拉瓦锡的热量只在肺部通过燃烧过程产生的信条相反，另一个重要发现是，这个过程在所有组织中都能发生。贝尔纳还意识到这种生命燃烧过程不只是像在炉子里煤的燃烧一样，直接燃烧有机物质产生热量和二氧化碳，而是一个非常复杂的过程，这个过程包含很多步骤和许多特殊的酶。凭借这个推断，可以说贝尔纳领会了能量代谢的基本原理。实际上，如果考虑到贝尔纳一生的全部工作，毫无疑问他在生物化学方面的贡献和在生理学方面的贡献可以比肩。

哈维对血液循环的发现建立了血管系统是由动脉和静脉组成的这一认识，之后马尔皮吉将其与毛细血管联系到一起。然而，人们曾认为血管不能改变它的直径以调节血流流向器官的速度，因此从某种意义上说这只是个静态系统。直到贝尔纳发现某些神经能够通过收缩或扩张血管控制血流速度，才使我们对循环系统有了新的认识。

"内环境"的思想是贝尔纳关于生命所必需条件思想的核心。尽管直到1857年这个词汇才被提出，但是他已经思考这些问题很多年了。因此，这些年间这个词汇的含义稍有变动，而且不容易做出明确的定义。总之，它包含着滋养和保护活细胞稳定内环境的意思。根据贝尔纳的看法，生命是组成生物体的细胞和外部世界之间永恒的矛盾。没有"内环境"，生命无法存在。显然，贝尔纳的思维是复杂的，当他第一次设想出"内环境"时，多细胞生物——微生物还只是一个未知的世界。

不可湮灭的能量

19 世纪初，德国生理学家是如此沉迷于自然哲学中，以至于科学医学很难在流行浪漫的白日梦的氛围中保持自我的存在。生理学家约翰内斯·缪勒（Johannes Müller，1801—1858）是在这段流行混乱和空想理论期间支持德国医学中常识规则的不得不提的人。缪勒年轻时是自然哲学的忠实信徒，他终生都保持隐晦的生命主义观点。他最伟大的贡献是作为一名启蒙老师组织了一所学校，招募了一批热情而杰出的人才，包括著名的生理学家鲁道夫·菲尔绍和杰出的生理学及物理学家赫尔曼·冯·亥姆霍兹（Hermann von Helmholtz，1821—1894）。

亥姆霍兹出生于一个不富裕的中产阶级家庭。他父亲在柏林外的波茨坦教书，是个穷教员。亥姆霍兹是个多病的孩子，受到脑积水导致的脑膜炎的折磨而长期卧床。和许多其他杰出科学家一样，他在早期求学的时候发现拉丁语很难学，但是在高中时期，他对于物理十分感兴趣，并希望在大学继续学习物理。然而，由于收入微薄，他的父亲无法担负亥姆霍兹学业的开支，所以劝说他进入提供免费医学学习机会的弗里德里希·威廉学院深造。弗里德里希·威廉学院为男孩子提供免费的学习机会，只要他们同意在普鲁士军队中当十年医生。

在学习医学的过程中，亥姆霍兹在约翰内斯·缪勒的指导下开始研究生理学，其间他与缪勒的其他学生相识，如埃米尔·杜布瓦-雷蒙（Emil du Bois-Reymond）、恩斯特·布吕克（Ernst Brücke）和卡尔·路德维希（Karl Ludwig）。这些人后来都成为杰出的科学家，帮助复兴德国生理学，并使其从生命主义和自然哲学的束缚中解脱出来。1842年亥姆霍兹获得了医学博士学位，并被派到普鲁士的一个轻骑兵团当外科医生。这个职位对于一个最终要成为伟大生理学家和物理学家的人来说有些奇怪。他仍与柏林缪勒的学校保持联系，但是尽管如此，轻骑兵团也不是一个激发才能的环境。然而，亥姆霍兹是一个善于自我反思、勤于思考的年轻人，这也许是他童年多病和卧床的结果，而且他似乎没有被他暂时的"思想孤立"所困扰。他常常思考生与死，以及区分生死之间状态的问题，这些问题对于当时浪漫的德国年轻人来说是一件不寻常的事情。对于与他同龄的人来说这些思想只会产生诗集中才会有的厌世情绪，而对于亥姆霍兹而言，这些思想帮助他提出能量守恒的奇妙概念。

生命主义者相信生物体具有某种负责生命所有功能的神秘生命力，这种力量伴随着死亡而消失。亥姆霍兹否定了这种观点，因为他意识到，如果现实中真的存在这种力量，那么必须接受永动机存在的可能性。他推测动物身体产生的热量和机械运动都来源于燃烧食物释放的化学能。1847年，他发表了具有重要意义的论文《论能量守恒》，但是很久以后科学界才深刻意识到他这种新观点的重要性。事实上，这些想法并不完全都是新的。一

赫尔曼·冯·亥姆霍兹（Hermann von Helmholtz, 1821—1894）
由瑞典斯德哥尔摩邦尼尔集团提供

位鲜为人知的德国医生罗伯特·梅耶（Robert Mayer）早些年就提出过相同的结论，那时他只是个在印度东部海域船上的医生。人们对于这些年轻德国医生的创造性思考大为赞叹，这种思考对于船上的医生或军队里的外科医生而言很不容易。

次年，亥姆霍兹成功接替他的好朋友布吕克成为科尼兹堡的生理学教授，他在那里的六年都保持了科学上的高产出。他设法测量了神经冲动的速度，这在生命主义者看来是不可能的，因为他们认为神经冲动是一个精神过程。1851 年，他根据对动物眼睛在黑暗中受到光照而发光的现象的思考制造了眼底镜（检眼镜）。亥姆霍兹意识到通过瞳孔进入眼睛的光是从眼睛内壁反射的。有了合适的光学工具，检查视网膜就成为可能。经过一个多星期的时间，他创造了眼底镜，一种不仅彻底改变了眼科学，而且可以评估糖尿病或高血压病人血管状态的工具。

1858 年，亥姆霍兹应邀去海德堡任生理学教授，直到 1871 年他接受了柏林大学物理系主任的职位。在海德堡任教过程中，他为生理声学的基础研究和色觉问题做出了贡献，并记录在他的著作《生理光学》中。在柏林，他只活跃于物理学领域。

赫尔曼·冯·亥姆霍兹和克洛德·贝尔纳代表着两类完全不同的科学家。这两类科学家对于生理学发展都具有重大影响。贝尔纳是伟大的实验主义者，他的开拓性工作生动地展示了动物实验对于现代生理学的重要性。而亥姆霍兹则展示了生理学问题与理论和实验物理学之间的关系有多密切。这些伟大人物的不同之处令人吃惊。贝尔纳是杰出的演讲者和作者，而亥姆霍兹被认为没有演讲才能，而且完全缺乏写作天赋。亥姆霍兹自己也承认自己在写作方面存在问题，他一遍又一遍地重写论文，直到自己满意为止。

医学实践的破产状态与一线希望

毫不夸张地说，在 19 世纪最初的十年，当以科学为基础的临床医学开始缓慢出现的时候，医学实践却处于破产状态。支撑医学思想超过 2000 年的希波克拉底和盖伦遗留下来的知识体系，处于混乱和瓦解的状态。放血这一人们坚信的、从未被怀疑过的所有治疗方法的支柱，正在倒塌——这是医学史上最伟大的治疗学的剧变。事实上，在中世纪前后，这种古老的治疗方法似乎就从医学舞台上的暗门中消失了，它的倒下把希波克拉底医学这座令人尊重的大厦也拉倒了。问题是它的消逝留下了一个治疗学上的真空，使得医生变成了像奥诺雷·杜米埃（Honré Daumier）那样聪明而无情的漫画家笔下无助的牺牲品。医学实践从未像 19 世纪中叶一样如此不被尊重。但是，在临床医学的黑暗中出现了一线希望，那就是 18 世纪末伟大的预防医学的突破。

人痘接种

在所有流行病中，天花可能是最令人害怕的疾病。这种灾难可能在很久以前流行于远东地区，随着阿拉伯人的占领扩散到北非，进而传到西班牙。早在 10 世纪初，伊斯兰医生拉齐（Rhazes）就描述了这种疾病，并发现感染了这种疾病而存活下来的人具有终生免疫力。他可能把这种病当作了一种儿童时期易得的相对较轻的疾病（他没有分清天花和麻疹），而且每个人都会经历。实际上，他把这种疾病看作体液的生理调节，是一个成熟的过程。直到文艺复兴时期这种观点仍一直流行。

此外，16 世纪美洲大部分的土著人群被驱逐时发生的可怕的天花灾难显示了这种疾病的可怕一面。从 17 世纪和 18 世纪开始，人们每隔一段时间就对在欧洲造成 15%～30%死亡率的流行病进行详细的报道。然而，出血性天花这种疾病最可怕的形式是脓包出血，致死率几乎是 100%。天花之所以让人恐惧，不仅是因为其高致死率，还因为幸存者会带有难看的疤痕，且通常伴有由斑疹引发角膜破坏的并发症最终致盲。

欧洲医生都束手无策，既不能治疗也不能预防这种可怕的疾病，但是在对西方医学一无所知的远东地区（实际上就是在中国——译者注），人痘接种这种预防的方法已经被使用很长时间了。如果在一个小孩的皮肤上划一个伤口，接种上从天花病人的脓包中获得的新鲜的脓，那么这个孩子会以温和的形式患病，不会留下任何伤疤，且与从普通方式传染天花的人相比，死亡率很低。

著名的英文书信体作家玛莉·沃特利·蒙塔古（Mary Wortley Montagu）夫人以智慧和美貌著称，她被认为是将人痘接种引入欧洲的人。1716 年，她的丈夫成为君士坦丁堡的大使，她也陪同前往。在土耳其首都逗留期间，她就听说过人痘接种，1717 年她给三岁的儿子接种了天花。在她的生动多彩的家书中，她描述了成功进行人痘接种的过程，这引起了当地人极大的兴趣与骚动。在她回到英国之后，她给五岁的女儿也进行了接种，这进一步引起了人们对这种预防天花的新奇方法的注意。虽然也有一些宗教人士和卫道士进行反对，但是王室成员对其很感兴趣，在对六名犯人和一些行乞儿童进行接种实验并获得令人满意的效果后，威尔士王子对他的两个女儿进行了接种。

当人痘接种被验证成功后，它在英国变得非常受欢迎。之后人痘接种从英国传播至法国和其他欧洲各国，也被引入美洲大陆的英属殖民地。这个方法代表了第一次系统性尝试天花的预防方法，尽管它的有效性被许多现代权威人士质疑。同时，它也存在一些严重缺陷。人痘接种有不容忽视的致死率，尽管这只是天花流行导致的致死率的一小部分。而且这种方法无疑具有导致疾病传播的可能性。虽然引入人痘接种的地方的天花流行频率降低了，但是这与理想的预防方法还相去甚远。

格洛斯特郡的一名乡村医生

爱德华·琴纳（Edward Jenner，1749—1823）出生于格洛斯特郡伯克利的一个小镇。在伦敦完成医学学习后，他回到这个偏远的小村庄成为一名医学从业者。如果不是他为当地几代农民所做的流行病学观察的结果引人注目，他将会一直默默无闻，过着快乐而满足的生活。

格洛斯特郡的牛经常患上一种以乳头长皮疹为特征的疾病。这种相对温和的疾病被称为牛痘，可传染到挤牛奶工人的手上，造成类似牛乳头脓包的皮疹。当地人普遍相信如果感染了牛痘就会对天花产生抵抗力。事实上，琴纳不知道附近的一个农民给他的妻子和四个孩子接种了牛痘。琴纳对于牛痘具有保护人们免得天花的能力具有极大兴趣，但是他的医学同事拒绝相信关于牛痘的这一古老的民间医学传说。

最终在 1796 年 5 月，经过二十多年的思考，琴纳勇敢地做了一个大胆的实验。他在八岁男孩詹姆斯·菲普斯（James Phipps）的上臂上划开一个伤口，接种上从感染了牛痘的牛奶工人手上的脓包中取出的液体。六周后，

爱德华·琴纳（Edward Jenner, 1749—1823）
由瑞典斯德哥尔摩邦尼尔集团提供

琴纳试着给这个男孩接种天花，结果詹姆斯被证明对其具有抵抗力，用同样的方法，琴纳发现感染过牛痘的其他人也是这样。一年后，他给英国皇家学会寄去将牛痘接种作为抵抗天花的预防方法的实验报告，但是被拒绝了。皇家学会之前接受了琴纳关于布谷鸟繁殖习性的报道，但是认为牛痘接种这种了不起的想法太令人难以置信。

1798 年，琴纳出版了一本小书，标题为《关于牛痘接种的原因与后果的调查》（*An Inquiry into the Causes and Effects of the Variolae Vaccinae*），他在书中描述了 23 例牛痘接种或被牛痘自然感染的病例，他宣称这些人产生了对天花的免疫力，表现在对人痘接种具有了抵抗力。起初，人们不愿接受这种新的天花预防方法，因为这种方法被称为种牛痘（vaccination），后来演变为预防接种，其词头 *vacca* 是"牛"的拉丁文。人们抗拒种痘的其中一个原因可能是一位同事不幸的经历，他的疫苗被天花病毒污染了，这导致了至少一位病人死亡，但是更重要的可能是公众普遍认为接种牛来源的物质对人来说是一种侮辱。有天赋的讽刺漫画家争相描绘琴纳的预防接种可能导致的荒唐可笑而让人难以想象的并发症，他们画中可怜的疫苗接种的受害者或多或少被画得像牛一样。

然而，这种抗拒并没有持续很久，针对天花的预防接种很快就传播到全世界。不久，这种可怕的疾病在欧洲几乎完全消失了。法国国会两次投票决定给琴纳一大笔钱作为奖励。1804 年拿破仑为了表示对他的感谢，给他颁发了奖章，之后还在琴纳的要求下，释放了几个在战争中被拘禁的英国公民。琴纳有勇气接受民间医学中的发现，并将其发展成为具有重要影响的预防方法。他清楚地意识到预防接种的巨大潜力并正确预测有一天天花会在地球上完全消失。此外，没有证据证明他比最初观察到现象的农民能更深刻地理解他方法中潜在的免疫原理，但是根据客观存在的结果和对生命的拯救来说，没有人可与琴纳相比。

一个未知的世界

传染病与瘴气

在古代医学中，四种体液的紊乱被认为足以解释所有疾病，这个观点几乎不鼓励希波克拉底学派的医生将传染病作为医学的全景画卷中的一个清晰的实体加以研究。尽管中世纪的医生在别的方面完全忠实于希波克拉底和盖伦的理念，但是他们最早认识到，某些疾病，尤其是那些周期性暴发的以毁灭性流行病形式出现的疾病是由我们所说的感染引起的，虽然他们使用的术语为接触性传染病。也正是在这个医学上原本不知名的时期，人们采取了最早的、尽管不是特别有效的措施，通过检疫与隔离病人来遏制流行病的蔓延。

感染的种子

这种将疾病从一个人传给另一个人的病原体，即所谓的接触传染物的本质，一直是个谜，直到 16 世纪一种似乎是新的疾病——梅毒在欧洲出现。人们相信这种疾病是由从美洲回到欧洲的西班牙征服者带回来的，所以将其称为西班牙病。此外，它也被称为法国病（*morbus gallicus*），这种称谓显示的是用可怕疾病来责备敌对国家的倾向。唯一的治疗方法似乎是用含有水银的制剂，但是这种疗法通常比疾病本身更糟糕。

梅毒的灾难性暴发是由文艺复兴时期人们的一般态度和社交活动造成的。在中世纪，人们习惯于以个人之间的密切接触为标志的紧密相连的社区的存在。瘟疫和其他疾病流行对中世纪社会造成了破坏性影响，而梅毒有些不同。它很快就成为地方性疾病，例如，它永久扎根于全欧洲，并与绝大部分有亲密关系的人有关。人们清楚它是否改变了旧社会的所有文化和社会模式。显而易见的是，梅毒并没有真正使人们减少滥交，但是它有可能是结束诸如公共洗浴等活动的决定性因素，而这并没有改善那个时代的个人卫生问题。

如今，在生物医学研究先驱中找到一位伟大的诗人是不容易的，但是文艺复兴时期就不同了。意大利诗人、医生吉罗拉摩·法兰卡斯特罗

（Girolamo Fracastoro，1478—1553），他的拉丁文大师的名声有相当一部分归功于他的史诗《西佛里斯——法国疾病》（*Syphilis sive Morbus Gallicus*）。牧羊人西菲洛（Sifilo）冒犯了太阳神阿波罗，于是恼怒的神用可怕的疾病惩罚他，而这种疾病就以这位承受阿波罗怒火的可怜的受害者的名字来命名了。在他的诗中，法兰卡斯特罗描述了梅毒的症状及相当多的细节，以证明他对这种疾病很熟悉。但是，他对于传染性疾病的兴趣不仅限于梅毒。他还仔细研究了肺结核，发现这种疾病不仅是通过与病人的直接接触传播，还通过病人用过的寝具和衣服传播。1546 年他把这些发现写进他著名的著作《关于接触性传染和接触性传染病》（*De Contagione et Contagiosis Morbis*）"中，表明接触性传染病是由一些看不见的颗粒造成的，他认为感染源（"感染的种子"）可自我复制，且对于每种疾病具有特异性。他还指出这些感染源在病人体外的存活能力是不同的，造成肺结核的病原体特别难去除。

吉罗拉摩·法兰卡斯特罗（Girolamo Fracastoro）是当时著名的诗人，而不是著名的科学家和医生。他关于传染源的理论太超前，对当时的医学没有任何实质性影响。直到 19 世纪下半叶微生物这一新科学凯旋时，他首次窥探微生物世界的伟大成就才被认可。今天，我们意识到他是医学历史上的伟人之一，主要是因为，他与他之前及之后许多其他医学理论学家不同，把自己的理论建立在对临床观察充分而审慎的评估的基础之上，而且这些理论最终被证明是正确的。

传染物的概念是非常古老的，但是甚至在 19 世纪上半叶，很多拥护这个概念的传染病学家之间也有观念上的冲突。有些人坚持它是一种化合物，针对不同的疾病有不同的化学成分。这种化学观点的另一种解释是，传染物是患病生物体的一种不正常的代谢产物。另一种主要的理论当然是法兰卡斯特罗提出的，能够自我复制但是看不到的颗粒是感染的载体。1840 年，德国解剖学家雅各布·亨勒（Jakob Henle，1809—1885）发表了他著名的病理学研究，认为具有复制能力的活的生物体是造成接触性传染的原因，但是这个研究完全都是推理，没有实验证据支持。他的论点是只有这样的微生物能够解释为什么这么少量的传染物就能够在受感染的身体中繁殖并造成疾病。因此，可以说亨勒为 19 世纪下半叶的发展提供了理论基础。

吉罗拉摩·法兰卡斯特罗（Girolamo Fracastoro, 1478—1553）

由瑞典斯德哥尔摩邦尼尔集团提供

瘴气

　　接触性传染论的反对者对整个问题持有一个不同的观点。他们追随希波克拉底的脚步强调环境的重要性。空气、水和生活质量一般会影响健康状态，但是反对者的想法更进了一步。他们认为，一种可能来自地球本身，但也可能是由于受到天体的影响的被他们称为瘴气的毒气弥漫在空气中，从而导致疾病发生。疾病的性质最终由流行于某个地区的瘴气的特性所决定。

　　他们沉迷于所谓"疾病的组成成分"，并认为这些成分会随着时间的推移而改变，因此某一种疾病在某一年有一种特征，而几年之后又具有另一种特征。在某一时间点，疾病谱是由黏液所控制的，而在另一时间点，却主要由胆汁等控制。这自然会让人想起四种体液，但主要原理是瘴气可能引起疾病组分的改变。

　　瘴气的概念导致了对其本质和影响其特性原因的无休止的推测。除了它本身发生的地理位置的特征外，天文现象如彗星或日食、月食都被认为是影响瘴气的原因，但是主要因素可能是天气。19 世纪上半叶，关于流行病暴发的官方报道几乎一成不变地以关于气候条件的冗长的讨论及其在灾难中扮演的角色作为开始。四季及其对于频发的接触性传播疾病的影响也被瘴气论的支持者所强调，而且在某种程度上它们有坚实的基础。毕竟呼吸疾病更常在冬天发病，而肠胃病更容易在夏天发病，等等。

　　从现在的角度看，我们当然有可能对于瘴气理论的成功感到惊讶。人们可能会认为，所有的事实本都应该支持接触性传染论者。但是，这种观点存在的问题是，严重且广泛传播的疾病展现的特性显然与瘴气假说而不是与通过接触病人而传播的感染活种子的想法更吻合。疟疾是一个经典的例子，这种疾病的名称代表"不好的空气"，这本身就是起源于瘴气的暗示。主要存在于某些地理区域（那些蚊子繁殖旺盛的地区）通过空气中某些物质传播（蚊子的唾液腺中带有疟原虫）的疾病无疑在所有方面都与接触性传染论的反对者的学说一致。然而，对另一种在欧洲肆虐的流行病的研究将会通过一种有些出人意料的方式解决纷争。

霍乱与最后的裁决

疟疾自从中世纪起就在欧洲流行，而直到 19 世纪初霍乱只限制在亚洲，在印度的某些地区流行，尤其是在布拉马普特拉河和恒河流域的孟加拉地区。霍乱周期性地向其他亚洲国家传播，直到 1830 年才传到欧洲，在俄罗斯诺夫戈洛特镇组织的大集市上暴发。之后霍乱在所有欧洲地区肆虐，甚至通过船只传到美国，造成了恐慌。这种疾病造成很高的死亡率，在接触性传染论者占上风的欧洲大陆，当局采用残忍的方法隔离病人防止疾病蔓延到没有被感染的地方，但是并没有起到作用。

此外，在瘴气学说盛行的英国小岛，没有对感染区进行检疫和隔离，因为这被认为是不人道的且对贸易不利。在这里接触性传染论的反对者专注于为霍乱病人新建医院并改善公众卫生标准，包括提供高质量的水。尽管如此，霍乱对英国的破坏没有比欧洲大陆更糟。而且，霍乱能够感染没有直接接触病人的健康人，并倾向于限制在某些区域，如一个大城市的某四分之一地区，这些都貌似与瘴气论对疾病的解释相一致。最后，欧洲大陆尤其是法国对于疾病的看法从接触性传染论转向了瘴气论。

矛盾的是，一位身处于充斥着接触性传染论反对者的英国的医生通过他的霍乱流行病学研究证明了接触性传染物的存在。在 1849 年伦敦暴发霍乱期间，约翰·斯诺（John Snow，1813—1858）的一个重要发现决定性地推翻了接触性感染论反对者的论调。与通常一样，霍乱只限制在某些街区，斯诺发现其中一个街区，只有从一口特定的井里取水的人才会生病。当他调查这件事的时候，发现这口井被附近一个厕所的溢出物所污染。这种情况下曾有很长一段时间里都没有霍乱的发生，但是斯诺发现在当地暴发霍乱的几天前，一个来自伦敦郊区的霍乱感染者使用过这个厕所。结论是显而易见的。这名病人的粪便中带有感染物，由于不良的卫生条件污染了饮用水，从这个被感染的井里取水的当地居民感染了霍乱。在某一点上，接触性感染论和瘴气论可以说各占解释这个问题的答案的一部分。霍乱无疑是由感染物引起的，但是好的公众卫生条件和高质量的饮用水供给对于打败这种疾病肯定是很重要的。然而，总的来说，接触性传染论取得了胜利，而瘴气论的全盛时代结束了。

再谈瘴气

对接触性传染论的反对者而言，疟疾是瘴气导致的疾病的主要例子。人们认识疟疾瘴气的真正本质花了很长时间。1880 年，法国医生阿方斯•拉韦朗（Alphonse Laveran，1845—1922）作为一名军医官在阿尔及利亚工作，他证明了在病人的血液中疟原虫的存在，之后发现其能导致疟疾的发生。拉韦朗的上司对他的发现似乎不感兴趣，他被调到法国，彻底终止了对疟疾的进一步研究。直到 1896 年他离开军队，在巴斯德研究所获得了一个职位，他的贡献才真正被人们意识到。1907 年，他因为原生动物方面的工作而获得诺贝尔奖。

1897 年，英国军队医师罗纳德•罗斯（Ronald Ross，1857—1932）在吸过感染疟疾的病人血的按蚊胃中发现疟原虫。之后他证明这种疾病的禽源病毒能通过蚊子叮咬传播。之前，蚊子作为疟疾的载体的可能性曾经被提到过，如英国医生帕特里克•万巴德就提出过这个观点，但是罗斯是第一个证明这个假设的人。他还表明根除疟疾的最有效方法就是摧毁蚊子的幼虫从而防止它繁殖。1902 年，他因在疟疾方面的研究第二次获得诺贝尔生理学或医学奖。

这确实是军医官的鼎盛时期。他们之前在研究领域从没有像现在这样占有重要地位。1900 年美西战争后，美国军队占领古巴，中美洲一种古老的大祸害黄热病夺去了很多士兵的性命。由沃尔特•里德（Walter Reed，1851—1902）少校领导的包含很多来自约翰霍普金斯医学院的年轻细菌学家的团队被派往古巴解决这个问题。一位古巴医生卡洛斯•芬莱（Carlos Finlay，1833—1915）在 1881 年就推测埃及伊蚊是黄热病病原的载体。专家团队进行了一系列英勇的实验，队员与志愿者一起暴露在所有可能导致黄热病感染的危险中。有些人睡在死人的床铺上，他们没有得病；而另一些人让可能有危险的蚊子叮咬，他们患上了重病，专家组成员之一的杰西•拉齐尔（Jesse Lazear）因此死亡。1901 年，专家组报道蚊子确实是媒介，而且黄热病只是通过蚊子叮咬传播，不会通过接触病人传播。这种疾病的病原可以通过细菌滤器，即我们今天所说的病毒。试图根除蚊子并利用蚊帐保护人类远离蚊子的卫生措施是非常有效的，黄热病得到了控制。

阿方斯·拉韦朗（Alphonse Laveran, 1845—1922）

由瑞典斯德哥尔摩诺贝尔基金会提供

罗纳德·罗斯（Ronald Ross, 1857—1932）
由瑞典斯德哥尔摩诺贝尔基金会提供

微生物学的诞生

欧洲几家主要的科学院长久以来习惯于通过举办有奖竞赛的形式来刺激研究发展，这种竞赛要求对某些热点话题进行解答。法国科学院也不例外，1859 年它举办了一场关于生命的自然发生说是否可能的竞赛。生命是来自无生命物质的讨论已经持续了好几个世纪了，最伟大的理念已被接受。根据保守的观点，如果在合适的条件下，小型的生物体（包括我们所谓的微生物）可在富有营养的物质如肉汤和血液中自发产生。这种理念貌似被前人观察到的现象所支持，这些物质尽管最初是清澈的，但最终会变得浑浊，显微镜下的观察可证明活的微生物的存在。此外，意大利神父，同时也是生物学家的拉萨罗·斯帕兰扎尼（Lazaro Spallanzani, 1729—1799）一百年前就已经表明，如果装有这些培养基的容器被完全煮沸然后隔绝空气，那么就没有微生物形成。无论如何，这个挥之不去的古老问题又一次被提了出来，碰巧的是，这次回答这个问题的是最伟大的医学科学家之一，尽管他没有受过一天正式的医学教育。

路易斯·巴斯德（Louis Pasteur）

1822 年巴斯德生于法国南部一个名为杜尔的小村庄，他父亲是个硝皮匠，以前是陆军中士，是拿破仑的士兵，在战场上因为英勇获得过荣誉军团勋章。也许这种法式的爱国热情对于他这位有名气的儿子独特品质的形成很重要。在拉丁语学校中，巴斯德并不是一个特别优秀的学生。与许多其他伟人一样，他比较晚熟。1842 年他在贝桑松皇家学院取得了高中毕业会考证书，那上面写着他的化学课得了"中"。如果他的老师能看到他这位昔日学生的职业生涯，那么他非凡的特性一定能使他的老师重新考虑他的成绩。

之后巴斯德在巴黎学习并获得了科学博士学位，1848 年他就在酒石酸的光学特性研究方面有了第一个重大发现。他发现外消旋无光学活性形式的酒石酸可被区分为等量的左旋和右旋晶体。通过分离这两种形式的晶体，

路易斯·巴斯德（Louis Pasteur, 1822—1895）

由瑞典皇家科学院提供

他发现这两种晶体有相反旋光活性，以至于在外消旋的形式下能互相抵消。这个发现使他出了名。他获得了人人渴望的荣誉军团红丝带勋章，并于1854年成为里尔大学化学教授。

巴斯德在回答法国科学院的有奖问题之前就曾研究过微生物学的问题。他曾对为什么酒精发酵经常莫名其妙地出错而生产出酸啤酒或酸葡萄酒的问题产生兴趣。巴斯德令人信服地证实了成功的发酵需要正常生长的酵母细胞存在，而发酵失败是由污染了其他微生物造成的。这个结果使他相信动物和人的疾病也可能是由感染了微生物造成的。这种理论既不新也非原创，但是与之前其他该理论的支持者不同，巴斯德提供了有力的实验证据支持这个理论。

与此同时，巴斯德移居到巴黎，并于1857年成为巴黎高等师范学校的科学研究院主任。他之前对于发酵方面的研究使他有足够的资格回答由科学院提出的与生命自然发生学说相关的问题，尽管他并没有正式学习过生物学或医学。1860年开始，巴斯德在斯帕兰扎尼的基础上进行了更多不同条件下的实验。巴斯德的工作能力很强大，甚至在他年纪很大时，尤其是在46岁因脑卒中而瘫痪后，他在和同事每次谈话的最后都会说："一个人必须工作，先生！"他的结果确定无疑地显示了如果所用的器皿隔绝了空气的话，活的生物体在无菌的培养基中不能自发产生。即使一段时间后生命自然发生的不可能性才被广泛接受，但是这个实验解决了问题并证实了斯帕兰扎尼的结论。所有之前相反的结果都是由外部来源的微生物污染造成的。

19世纪60年代，法国南部的蚕得了灾难性疾病，摧毁了重要的制造业，尽管最开始时巴斯德用从未见过蚕的理由拒绝进行调查，但是最终他被说服去进行了调查。这件事的结果进一步提升了他的名望，1867年他成为索本神学院的化学教授，这是法国化学家梦寐以求的最高职位。随后的几十年，他的研究更多针对由微生物感染造成的家畜疾病的预防。

医学院教授倾向于看不起没有任何医学教育经历的突然上位的自然科学家。他们很难想象这样的一个人能对他们自己小心翼翼守护的领域做出什么有价值的贡献。过了很久，保守派医生才完全意识到巴斯德在未知的微生物领域对于医学的革命性的影响。他们的态度是促使巴斯德长久以来投身兽医研究的重要原因，这个领域的前景显然不那么狭隘。然而，他也受到强烈爱国热情的驱使,希望能够改善 1870～1871 年与普鲁士之间灾难性的战争及按照和平协定支付毁灭性的赔款后的法国的经济状况。

免疫学分析

巴斯德现在要着手进行的实验是以从纯净的培养基中分离不同微生物的技术为前提的。他设计的方法在制样方面有优势,但是同时在一定程度上又有不确定性。它由一系列梯度稀释的在液体培养基中生长的培养物组成,直到某一稀释度的培养基中只含有一个细胞为止。从该单个细胞可获得纯的培养物,某一种细菌的特性可以被随意研究,包括不同培养方法对其致病力的影响。但愿,利用操控生长条件减弱生长能力的细菌在今后有可能被用来免疫动物,抵抗致病细菌引发的疾病。之前的研究者琴纳只是看到了一个偶然的现象并且只对种牛痘的实际操作感兴趣,而巴斯德的系统研究是基于一个深思熟虑的假设,而且是对这个问题理论方面的研究感兴趣。

炭疽是一种发生在像牛和羊这样的家畜中的严重的、造成经济损失的重要疾病,它也可以攻击人类。巴斯德立志于将研究集中在现实中存在的重要问题上,而炭疽就是在他热爱的法国带给农业灾难性损害的疾病。1877年,他把炭疽作为主要研究课题。他并不是第一个研究炭疽细菌的人,但是当他试图在不同条件下培养这种细菌时获得了重要发现。这种细菌对于体温非常敏感,在 42℃条件下他获得了一株毒力减弱的毒株,动物接种了这个毒株只造成温和的疾病。在默伦小镇上,巴斯德利用这种弱毒株在许多绵羊、山羊和牛身上进行了全面的疫苗实验,当地农业部门把这些动物交给他随意处置。1881 年 5 月,他对一半动物进行了免疫,一个月后他给所有动物接种了高致病性的炭疽细菌。实验结果的确是轰动性的。除了一只绵羊死于其他不相关疾病外,免疫过的动物均仍保持健康,而没有接受免疫的动物不是死就是得了重病。

受到炭疽实验和其他两种动物疾病——家禽霍乱和猪丹毒实验成功的鼓舞,巴斯德转向研究狂犬病,这种病能够通过被得病的狗咬伤而传染人。狂犬病的潜伏期差别很大,从几周到数月不等,这使巴斯德相信通过在无症状期间免疫病人可防止疾病的暴发。他证明在病狗的口水中存在狂犬病的"毒素"（实际上是病毒），但是从疾病的神经症状看，巴斯德推断这种病原体应存在于中枢神经系统。巴斯德利用患病狗的脑组织可诱导其他狗和兔子犯病。之后他在不同时间点干燥患病兔子的脊髓，用这些来免疫健康的狗。每次接种，巴斯德使用干燥时间越来越短的脊髓组织，最后一次用的是干燥了只有一天或两天的高致病性组织。然而，这些狗没有发病，证明用来源于疯狗的脑组织进行免疫来抵抗狂犬病是有效的。

起初，巴斯德想通过免疫法国所有的狗来根除狂犬病，这是一个很费力且不可能成功的计划。然而在 1885 年 7 月，一位心急如焚的母亲带着她两天前被疯狗咬伤的九岁的儿子找到他。在咨询了两位医生，却都表示束手无策后，巴斯德用之前在狗身上取得成功的方法给这个孩子进行免疫。这不仅对于小男孩约瑟芬·梅斯特（Joseph Meister）和他妈妈来说是一个难熬的阶段，对于巴斯德来说也是。然而，这个男孩没有发病，并成为医学史上永远被人们记住的著名例子之一。狂犬病预防的成功使巴斯德被国内外所熟知。来自世界各地的捐款使得以他名字命名的研究所——巴斯德研究所在 1888 年建立。在他去世前，他一直担任该所的所长，直到现在该研究所仍是微生物学与免疫学研究的一流中心。

空想的理论

巴斯德对免疫学理论十分着迷，这可能对他提出与之前推测相反的理论有助益。伊斯兰医生雷扎斯对于得过天花可获得终生免疫力的解释是完全建立在希波克拉底学派关于致病原因的思想基础上的。巴斯德把这种现象看作清除年轻生物体血液中过多湿气的自然成熟的过程。当这个调节过程开始进行，由于必要的成熟血液已经存在，因此孩子当然就可以利用免疫防止旧病复发。伟大的伊斯兰医学家阿维森纳持类似的观点，他相信天花是由母亲怀孕期间积累的月经血引起并传染给胎儿的。月经血神奇又危险的特质是远古时代就存在的迷信，甚至具有远见的吉罗拉摩·法兰卡斯特罗也认为造成天花的感染源与存在于幼儿体内的残余的月经血有特殊关系。在被感染后，剩余的月经血腐烂，最终在皮肤上出现特征性脓包。因此，孩子在他的余生自然具有抵抗天花的能力。

对传染病具有抵抗力是由感染消耗了在生物体内维持疾病所必需的某

些物质造成的，我们通过这个理论可以得知巴斯德关于免疫的想法。在对不同条件下微生物的生长进行了大量实验后，巴斯德注意到在最初快速增长期（对数期）后，细胞增长的数量逐渐达到稳定状态，培养物进入静止期。他认为这是由微生物消耗掉了培养基中它生长所需的某些特殊因子造成的。尽管这个理论表面上看很合理，但是他进一步推断在感染的动物体内也是如此。当这种神秘的生长因子被感染性的微生物消耗掉后，动物就对那种特定微生物的再次感染有了免疫力。这就是弱毒活细菌疫苗能够赋予免疫力的原因。它们通过特殊的生长因子给予被接种者免疫力而非导致疾病。

在人们发现死细菌也可被用于制备有效疫苗后，这种曾经有吸引力的简单假设被摒弃了。实际上，免疫力最终被证明是医学研究中最复杂的现象之一。

在这个问题上巴斯德可能是纵容了自己基于愿望而非事实的想法，但是没有人可以否认他是微生物学与免疫学之父，是生物医学研究领域最伟大的人物。他是第一个表明微生物是引发传染病的原因并用实验证明这一点的先驱。1895 年巴斯德去世，他把一生奉献给工作，他的科学声誉无可比拟。李斯特勋爵在巴斯德 70 岁生日贺词中说，他在医学上的成就无人能及，人们完全赞同这位伟大医生的话。

细菌学与外科手术的失败

从远古以来，外科手术一直被与所有手术都无法远离的令人恐惧的幽灵所纠缠——这就是外科手术热。19 世纪中叶由于麻醉的引入，大手术的数量大幅度提高，但是由外科手术热导致的死亡率与之前一样高。实际情况是严重的外伤（如骨头碎片穿透皮肤的开放性骨折）病人通常被送入医院治疗而不是待在家里，在过度拥挤的大病房中，从一个病人传播到另一个病人的致死性感染的风险大幅度提高。外科手术伤口感染是理所当然的并发症，这使得医生们提出好脓、健康脓的理论，并认为这是生物体清除有毒体液的必要途径。健康的脓与发臭的液体不同，发臭的液体来源于坏疽的伤口，且不可避免地预示了病人的死亡，除非病人做截肢活命。

即使是在和平时期，而且是在设备良好且人员齐全的医院中，大型截肢手术的死亡率也达到50%，战争时期这个比例更高。1870～1871年法国与普鲁士战争期间，法国军队的外科医生进行了13 373例截肢手术，其中有10 006例病人死亡，死亡率达到75%。在巴黎被封锁期间，某些医院的死亡率达到100%。我们现在认为在所有的手术中都理所当然的彻底清洁和灭菌措施在19世纪中叶的手术室中却很难做到。外科医生穿着被血染红的夹克衫做手术，设备没有被正确消毒——他们的观点是这些物品很快会和手术前一样脏——医生在手术后可能会洗手，而在手术前肯定不会洗手。

外科手术热这个可怕的幽灵有一个同样令人害怕的同伙在产科病房中徘徊——它就是产褥热。就是在与这个破坏性天使的斗争中，人们向引入试图保持器械和医生双手尽可能不带感染性微生物的无菌技术迈出了决定性的一步。人们在意识到这些生物对于医疗的重要性之前，将其称为"毒素"而不是细菌。然而，直到18世纪，在英国和爱尔兰，人们仅通过实施简单的全面清洁就成功地减少了产褥热的发生。不幸的是，医学界的惰性妨碍了这种重要手段的传播。

在美国，作家兼医生奥利弗·温戴尔·荷马（Oliver Wendell Holmes）通过纯理论的思考得出结论，即大部分的产后感染是由于产科医生在接连给病人做阴道检查的间隔没有洗手，而将"毒素"从一位病人带给了另一位病人。因此，荷马建议医生在接触感染病例后应该彻底洗手并将手浸泡在氯石灰中。氯石灰不久以前被用于防止"尸体中毒"，即在尸体解剖中导致的伤口感染。1843年，他写了一篇名为《产褥热传染力》的短篇论文，并在波士顿医学促进会上宣读时受到同僚的嘲笑。这些引起波士顿听众发笑的观点，即使不能说是奥利弗·荷马的预见性的想法，也将被一位在维也纳总医院产科诊所工作的匈牙利医生的仔细临床调查证实是完全正确的。

被轻视的开拓者

伊格纳兹·菲利普·塞麦尔维斯（Ignaz Philipp Semmelweis，1818—1865）出生于布达，那是多瑙河右岸的布达佩斯老城的一部分。塞麦尔维斯是一名有德国血统的成功店主的儿子。1837年他去了维也纳，他父亲本来希望他在那里学习法律，但是塞麦尔维斯对医学更感兴趣，并进入医科学校学习。在

伊格纳兹·菲利普·塞麦尔维斯（Ignaz Philipp Semmelweis, 1818—1865）
由瑞典斯德哥尔摩邦尼尔集团提供

学习期间，他密切接触了一些医学界的领袖人物，如内科学的约瑟夫·斯柯达（Josef Skoda）、病理学家卡尔·冯·罗基坦斯基（Karl von Rokitansky）及皮肤病学家费迪南·冯·赫布拉（Ferdinand von Hebra），他们成为他的朋友和支持者。1844 年在完成了学业之后他跟随斯柯达工作了一年多，学习了诊断学和统计学。1846 年，他成为第一产科诊所的一名助理医生，第一诊所是医学学生教学的地方，而第二诊所是培训助产士的地方。

在当时，全世界产科诊所因产褥热导致的死亡率都高得惊人，在维也纳也如此。令人吃惊的是，第一诊所的死亡率是 13%，处于国际同等水平，而第二诊所的死亡率只有 2%。富有同情心的塞麦尔维斯总是对预示着神父到来的小银铃声感到焦虑不安，因为这铃声表示神父到来要给即将死去的妇女做法事了。他绞尽脑汁思考这一令人费解的秘密：为什么与另一间诊所相比，这种情形在他自己所在的诊所发生得如此频繁。

在包括心胸狭隘、无知守旧且不欣赏塞麦尔维斯的诊所所长约翰·克莱恩（Johann Klein）在内的同事中，瘴气论思想盛行，两个诊所间在"病人组成"方面的不同被认为是导致死亡率有差异的原因。然而，塞麦尔维斯不这么认为。他刚刚失去了一位挚友，即年轻的病理学家雅各布·克莱施卡（Jakob Kolletschka），他在解剖死于产褥热的病人的尸体时被割伤，成了"尸体中毒"的罹难者。塞麦尔维斯参加了他的朋友的解剖手术，因为他在卡尔·冯·罗基坦斯基的指导下已经得到病理学方面的全面训练，他发现克莱施卡的尸体中的现象和产褥热病人一样。

他意识到杀死他朋友的尸体中毒和病房中的产褥热是由同一个原因引起的。他还意识到第一诊所和第二诊所在死亡率上的差异是因为第一诊所教育的医学生在解剖尸体后不洗手就去病房诊治病人。而第二诊所的助产学校的学生不参与解剖。1847 年 5 月，他制订了严格的规定，即学生给病人做阴道检查前必须彻底洗手，并浸泡氯石灰溶液。尽管医学院学生反对这种对学术自由的侵害，但是塞麦尔维斯坚持他的立场，使得这个新规则得以继续实施。结果在一个月后，第一诊所的死亡率降至与第二诊所同一水平，经过包括彻底清洁设备在内的进一步努力，死亡率降到更低水平，以至于在使用这些方法的病房，产褥热几乎绝迹。

有人也许会想塞麦尔维斯一定会很急切地发表这些引发轰动的结果，但是出于一些原因他没有这么做。也许他预感到了这些结果将会如何被对待。在这期间，他的朋友费迪南·冯·赫布拉代表他写了两篇解释产褥热产生的原因和预防的论文。约瑟夫·斯柯达敦促官方委员会调查塞麦尔维斯的研究结果。然而这些恰恰发生在 1848 年维也纳自由革命的惨败和匈牙利起义被镇压之后。保守势力这时候在帝国政府和大学里都取得了稳固的权利，但他们不倾向于给这位出名的匈牙利医生，甚至可能是一个危险的自由主义者提供任何帮助，斯柯达的努力没有带来任何效果和帮助。对塞麦尔维斯怀有敌意的老板约翰·克莱恩也没有给予任何帮助。1849 年，塞麦尔维斯遭遇了真正的打击，克莱恩拒绝再次聘用塞麦尔维斯，而是将他调到助产士指导员这样没有薪水的职位。

最终，塞麦尔维斯听从了他朋友们的劝说，同意在"医师协会"举办的会议上公布自己的研究结果。会议于 1850 年 5 月在维也纳举行，由他的资助者卡尔·冯·罗基坦斯基主持。正如所预料的一样，人们对这个结果的热情不高，而约翰·克莱恩继续试图阻碍塞麦尔维斯的事业。塞麦尔维斯的收入难以支撑他的家庭，最后他忍无可忍。他突然离开了维也纳，甚至都没有告诉他最好的朋友。他回到布达佩斯，在那里的一个产科病房当主治医生。在这里，他引入他的无菌技术并获得巨大成功，1855 年他被大学任命为理论与实践助产教授。

他的报告吸引了很多感兴趣的学生，但是直到 1861 年他才发表了著名的论著《病因学，产褥热的定义与预防》。国际杂志上对这本书的评论大多不友好，塞麦尔维斯被卷入激烈的科学斗争，对抗整个医学界使他感到很痛苦。他把自己看作救世主，他的使命就是将产科病房里那些可怜的妇女从顽固的产科医生的无知和冷酷无情中拯救出来。塞麦尔维斯的心态变得越来越不平衡，最终在 1865 年他出现了精神疾病的症状。他的朋友劝他来到维也纳，当他情况恶化的时候，冯·赫布拉让他住进了精神病院。在这个伤感和混乱的时刻，没有人注意到他的一根手指上的一个受感染的伤口，这是一次手术意外造成的。这个感染最终发展成了全身败血症，两周后他去世了，当时的情况又令人不禁想起他朋友雅各布·克莱施卡的死。

在他去世后，菲利普·塞麦尔维斯具有重要意义的发现很快被人们遗忘，直到 19 世纪末才最终得到重视，这主要是由于伟大的外科医生，人品高尚的约瑟夫·李斯特的努力。为什么与塞麦尔维斯同时代的人没有立刻认识到他在产褥热预防方面工作的重要性呢？他出人意料、不明智地离开维也纳，让他的朋友们措手不及，是造成这个结果的其中一个因素。如果他坚持留下，并在他的朋友们的帮助下继续顽强地与迂腐的对手做斗争，他可能最终占据上风。同时，造成他不幸的还有更深层的原因。我们必须意识到在当时接触性传染论和瘴气论的斗争还在继续，人们还不清楚细菌在外科手术热或产褥热中扮演的角色。正如我们所见，塞麦尔维斯自己认为引发外科手术热或产褥热的是一种毒素，它可被氯石灰摧毁；消毒的想法对他而言还很陌生。因此对他发现的现象和他使用的技术还没有圆满的解释。要使医学界充分认识到细菌在创伤感染和传染性疾病中的核心重要性，至少还需要花费 19 世纪的最后数十年。

有耐心的贵格会教徒

塞麦尔维斯这一悲剧人物是医学界伟大而被长期忽视的英雄之一，他与产科病房产褥热不屈不挠的斗争被看作一个新纪元的开始。但是，有一位完全不同类型的人将引领现代外科学。那是一位谦逊且身体健全的，在任何方面都与充满激情且有点反复无常的塞麦尔维斯相反的英国人。

约瑟夫·李斯特（Joseph Lister，1827—1912）出生于埃塞克斯一个富有的贵格会教徒家庭。他父亲是一位对科学具有浓厚兴趣的葡萄酒商，尽管他受教育程度低，但是他在光学方面做出了重要贡献，尤其是制作了在复式显微镜中功能强大的无色透镜。李斯特在一所贵格会教徒学校接受教育，那里的课程重视数学、自然科学和现代语言学。在他 17 岁那年，他进入伦敦大学的医学院学习，尽管有些沉默寡言，但是他很勤奋，而且成绩不错。在临床学习期间，他对外科学很感兴趣，在从医学院毕业后，他决定花几个月时间跟随苏格兰最著名的外科医生詹姆斯·赛姆（James Syme）学习，赛姆不仅因为他做截肢手术时令人难以置信的速度，还因为他的严谨和严格要求而闻名。

当李斯特到了赛姆在爱丁堡的诊所时一定给了他的新领导一个好印象，因为他的新领导很快让他担任临时外科住院医生，而且李斯特成了他家的常客。李斯特没有回伦敦，而是继续留在爱丁堡，一年后，他成为外科住院医生。1856 年，赛姆把他的大女儿阿格尼丝嫁给李斯特后，对他委以重任。李斯特与阿格尼丝的婚姻一直持续到 1893 年阿格尼丝去世，尽管

约瑟夫 · 李斯特（Joseph Lister, 1827—1912）

由瑞典斯德哥尔摩邦尼尔集团提供

他们没有孩子，但是他们在一起非常幸福。

在爱丁堡成功工作 7 年之后，李斯特被任命为格拉斯哥大学外科系教授。在他负责的皇家医院外科病房中，外科手术热导致的死亡率与欧洲其他大医院同样惊人。外科医生中盛行的理论是，发烧是由伤口的腐烂过程引起的，这是组织暴露在氧气中发生的一种燃烧反应。许多密封的敷料不同程度地被用来阻止空气中的氧气进入伤口中。然而，李斯特发现氧气导致腐烂很难让人信服。当化学教授托马斯·安德森（Thomas Anderson）引导他关注巴斯德的工作，即暴露的体液发酵的原因不可能是自发的，而是空气中的微生物引起的时，李斯特明白了真相。如果在巴斯德的实验中这些体液可被空气传播的微生物感染，那么这种微生物无疑可能导致伤口感染而引发外科手术热。

他开始寻找用于治疗感染性创伤的合适的物质，并且很快他想到了一种非常有效的消毒剂。李斯特知道石碳酸（苯酚）用于清洁污水很成功，他决定尝试用它清理伤口。已知皮肤被穿透的开放性骨折具有可怕的高死亡率，于是他选择这些几乎没有生存希望的病例进行苯酚治疗的第一次实验。他用 5%的消毒剂溶液清洗伤口，之后用浸泡过苯酚的敷料阻隔空气中的微生物。在两年的时间里，他用这种方法治疗了 11 位病人，其中 9 人都康复了。这种让人几乎难以置信的创伤性骨折死亡率的降低使无菌理论第一次获得巨大成功。

1867 年李斯特在《柳叶刀》杂志发表了题为《治疗开放性骨折的一种新方法》的研究成果，人们也许期望他的这种用苯酚治疗的方法能像野火一样传播到全世界，但事实并非如此。他有不少崇拜者，尤其是在他的合作者中，但是在许多地方，他的新方法受到冷落和怀疑。尤其是在伦敦的大医院，外科医生大多不为所动，但是李斯特找到了强有力的对手甚至戳到了他的痛处。在爱丁堡，因将氯仿作为消毒剂而闻名的詹姆斯·辛普森爵士（Sir James Simpson）对他进行了猛烈的抨击，不仅贬低消毒剂的重要性，还暗示李斯特剽窃了巴黎一位药剂师朱尔·勒梅尔（Jules Lemaire）的研究成果——这完全是无理的指责。李斯特有力地回击了这些指控，捍卫了自己，但是辛普森仍很不友善，而且有很多外科医生都赞同辛普森的观点。

在此期间，李斯特不仅证明苯酚在避免开放性骨折的感染中有效，还将他自己所在的诊所中进行的截肢手术的死亡率从 43%降到 15%。1867 年在英国医学协会的一次会议上，他声称他的病房没有外科手术热。毫无疑问，李斯特极度夸大了空气中微生物在外伤感染中的重要性。为了与这种在很大程度上是假想的威胁做斗争，他制作了不同类型的在手术室中气化稀释的苯酚溶液的喷雾。在当时，人们还没有意识到苯酚的毒性，毫无疑问这种消毒剂的滥用对经常暴露在这种消毒剂中的人来说具有很大威胁，尤其是通过烟雾形式吸入时。当李斯特意识到这种危险及他对空气传播感染风险的夸大时，他终止了苯酚喷雾的使用。他还试图利用不同类型的防护敷料将病人皮肤与苯酚的直接接触降到最低。

1869 年他的岳父詹姆斯·赛姆得了脑卒中，于是李斯特被任命为他在爱丁堡医院的继任者。之后不久李斯特的父亲去世了，又过了一年赛姆和李斯特的老对手詹姆斯·辛普森爵士去世了。尽管在爱丁堡当教授的岁月有着令人悲伤的开始，但也许这是李斯特一生中最快乐的时期。他继续对消毒剂进行研究，还将外科手术中的许多技术进行了改进，这些工作是他在格拉斯哥时就已经开始的。他作为外科医学的创新者的名气与日俱增，尤其是在像法国和德国这样的国家。他的英国同僚并非总是充满热情的，1877 年当他回到伦敦在国王学院当外科学教授时，欢迎会非常冷清。其他的伦敦外科医生表现得很冷淡，学生和护士都很顽固，他们反对李斯特引入临床的费力的消毒方法，但是通过耐心和不屈不挠的精神他克服了所有阻力。

对于他的认可是势不可当的，他在祖国和国外都获得了很多荣誉。1883 年他成为准男爵，1897 年他被封为贵族。普鲁士授予他蓝十字勋章和一连串荣誉博士头衔。他获得格拉斯哥、爱丁堡和伦敦的自由市民地位，1895～1900 年他担任皇家学会主席。所有这些荣誉都是当之无愧的，但是人们不禁会想到伊格纳兹·塞麦尔维斯，当巴斯德和李斯特被世界所称赞时，似乎没有人想起这位伟大的被埋没的先驱。当李斯特——一位伟大的有道德感的人物——知道了塞麦尔维斯孤独地与产褥热做斗争的故事，尽管相对较晚，但他第一个承认这位被遗忘的先驱的重要性。当他站在声誉的巅峰，作为现代外科学之父被世人所认识时，李斯特说："向这位外科学亏欠最多的伟大的匈牙利之子致敬。"

令人欢欣鼓舞的进展

在 19 世纪下半叶，外科学开始向临床领域的主导地位进发，这也许是医生能为病人提供真正有效治疗的唯一领域。全身麻醉的引入和防腐的原理使外科手术摆脱了疼痛及外伤感染的束缚，外科手术得到了前所未有的大发展。在这一外科学的新纪元，李斯特的研究工作已被引入，许多开拓性的贡献都发生在德语国家。

医学史上有许多天才，但是当中一些伟大的人物，如克洛德·贝尔纳和路易斯·巴斯德在他们当学生的时候多少被认为是没有希望的。这种上学时候很笨而后来变成天才的还有德国外科医生西奥多·比洛斯（Theodor Billroth，1829—1894）。他是波罗的海吕根岛上神职人员的儿子，来自一个热爱音乐的家庭，这种热爱音乐的倾向在年轻的西奥多身上也很明显。他五岁的时候，父亲就去世了，他的家搬到格赖夫斯瓦尔德古老的大学城。在那里，比洛斯进入高中学习，他被看作是一个平庸的学生，在语言和数学方面的学习都相当困难，除了音乐以外没有任何才能。

当他高中毕业后，在当地大学医学院当教授的他家人的朋友说服他进医科学校学习。这个选择的动机似乎纯粹是经济上的原因；他们使年轻的西奥多相信医学是谋生的很好途径。他开始了在格赖夫斯瓦尔德和哥廷根的学习，但是在 1851 年，他移居柏林，并在那里受到一些德国医学先进人物，如伟大的病理学家约翰内斯·缪勒、著名临床医生约翰·卢卡斯·舍恩莱因和外科医生伯恩哈德·冯·朗根贝克的影响，1853 年他毕业并通过了国家医学考试后成为伯恩哈德·冯·朗根贝克的助手。他在柏林期间主要活跃于病理解剖学，并在这个领域出了名。在柏林，比洛斯还遇到了他未来的妻子克里斯汀·米凯利斯，她是宫廷医生的女儿，他们于 1858 年结婚。

到那时为止，比洛斯的成就还没有预示他未来卓越的外科学生涯。事实上，他主要作为一名病理学家被人们认识并作为柏林大学教授而受到尊重，最终获得比鲁道夫·菲尔绍更高的名望。他事业上的转折点是 1860 年在苏黎世被任命为外科学教授。在当时，常规消毒剂的发展极大地鼓励了外科医生尝试新的、大胆的手术，但是外伤感染在所有大手术中仍造成相当高的死亡率。比洛斯一直对这个问题很感兴趣，并形成了自己独特的一套理论。他假定一种被他称为感染性球菌的细菌是造成所有外科手术热的罪魁祸首，根据这个假设，这种菌引起一种发酵——炎症性的发酵，是造成炎症和发热的原因。这似乎是向正确方向迈出的一步，但是与李斯特不同，他没能在理论的基础上设计出有效的预防方法。之后，他成为第一批

西奥多·比洛斯（Theodor Billroth, 1829—1894）

由瑞典斯德哥尔摩邦尼尔集团提供

采用李斯特消毒技术的人，尽管他对于观察到的苯酚毒性病例很担心。当外科医生用加热代替苯酚消毒接触伤口的器具，尤其是在德国，这个问题才被解决。

在苏黎世期间，比洛斯积累的技术和经验使他具备了操作有巨大风险的手术的能力，开创了外科手术的新领域。他还对坚持诚实汇报外科数据的统计分析结果有重要贡献。这也许对我们来说是理所当然的，但是对于报喜不报忧的旧传统而言是一种创新和突破。毕竟，当一个人能够汇报更有趣的成功结果时为什么要被死亡或残废的病人所困扰呢？在他开创性的《苏黎世临床外科年度报告》中，比洛斯如实地汇报了所有事实，没有美化任何事实，他一直遵守完全真实的原则，1867 年，他被任命为维也纳大学外科学主任。

比洛斯谢绝了罗斯托克和海德堡的邀请，可能是因为他被维也纳丰富的音乐生活所吸引。他成为约翰内斯·勃拉姆斯的亲密朋友，约翰内斯·勃拉姆斯送给他两部他的弦乐四重奏。比洛斯在维也纳的家是音乐爱好者的天堂，他自己也拉小提琴。另一个证明他热爱音乐的例子是他在晚年生病期间写的名为《谁是音乐人？》的书。这或许是一位伟大外科医生简历中令人意想不到的东西，但是对于理解比洛斯这个人是很有启发性的。

比洛斯因其正直诚实而有人缘，他关心同事的健康，享受生活中简单的快乐。正如人们所预料的那样，他吸引了很多有天赋的门徒，著名的比洛斯学校在世纪之交的数十年占据欧洲外科学的主导地位。他与忠诚的助手们通过在实验动物身上进行的仔细的实验建立了每一种大胆的新手术的基础。1872 年，他做了第一台食管切除手术，之后一年他进行了喉切除术，1881 年，他成功切除了一个癌变幽门。最后一台手术包括切除相当大部分的胃，这存在很多令人担心的问题，需在尝试手术前通过动物实验来回答。

这种细致的、有条理的实验准备工作是比洛斯特有的品质，这解释了他作为一名成功外科医生的原因。此外，他一直坚持伟大的科学家当中有艺术家的存在。1886 年他在给勃拉姆斯的信中说："伟大的科学家是一类艺术家，具有丰富的想象力和童真的本性。它把我带回我的童年。科学和艺术是同源的。"这就令人很容易理解，为什么像比洛斯这样的人不仅被他的拥护者所崇拜，还被人们热爱。

在生命的最后几年，比洛斯受到心脏病的折磨，这使他之前强健的身体变得严重衰弱。最终，他试图用尽最后的力量来评估他自己一生的成就。人们也许期望他详细描述他在开创性手术和腹部手术领域的开创性工作，但是他更注重自己作为一名启蒙老师和学校创始人的角色。这也许看起来很奇怪，但是他并不是医学上唯一一位面对问题找到答案的领军人物。科学毕竟不是独自一人的追求，它更是把人们紧密地团结在一起解决常见问题的一个社会行为。也许科研团队看起来像是一个管弦乐团，成员的任务是合力奏出音乐，这可能是勃拉姆斯的朋友会赞同的比喻。

罗伯特·科赫

地区医疗官的业余时间

1843 年 12 月 11 日罗伯特·科赫（Robert Koch）出生于哈茨附近的克劳斯特城的一个采矿官员家庭。他的父亲天赋过人而且精力充沛，从一个矿工晋升到采矿公司的领导职务，最终获得了"枢密督办"（Geheimer Bergrat）的头衔，负责这一地区所有的矿山。这意味着他在后半生有着体面的收入。他的这些收入都用来养育他和玛蒂尔德·比文德（Mathilde Biewend），一位矿业官员的女儿生育的 13 个孩子，有两个孩子在婴儿时就夭折了，这在当时是一个很寻常的比例，不过这也使玛蒂尔德作为这样一个大家庭的主妇不得不承受沉重负担。她的丈夫作为采矿公司领导要忙于工作，以至于无法更积极地参与养育孩子。更值得敬佩的是她居然还能抽出时间鼓励罗伯特对自然的兴趣。在这一点上，她的哥哥艾多拉德·比文德（Eduard Biewend），一个受过很多教育且知识渊博的人，帮了她的忙。他亲自照料了这个孩子，还唤醒了他对自然科学的兴趣。他们一起外出旅行，采集植物、昆虫和矿石，然后罗伯特会在一个放大镜的帮助下将它们分类。接下来，他的这位舅舅还给他介绍了摄影，这对罗伯特后来的研究起了极大的作用。

尽管出于某些原因他在一门课上花费了两年时间，但是他在学校的功课似乎还算不错。1862 年，他以相当不错的成绩从文理高中毕业，只不过他的宗教、拉丁语、希腊语、希伯来语和法语只得了及格分数。奇怪的是，这个年轻的学生脑子里想的会是要继续学习语言学。幸运的是，他的校长设法使他相信，他在自然科学方面更有天赋。于是他开始在哥廷根大学学习植物学、物理学和数学。成为一名中学教师的前途对他没有什么吸引力，所以两学期后他转到了医学系。当时，雅各布·亨勒（Jakob Henle）是这所学校里的主力教师，我们知道在 1840 年他已经指出，活的、不可见的生物是传染病的病原体。人们可能会认为早年与亨勒及其思想的接触对科赫很重要，但实际上，哥廷根大学在科赫当学生的时候还没有开设细菌学课。即使是这样，巴斯德对生命不可能自然发生的证明也肯定在那里被讨论过，而科赫可能很早就意识到一个很有吸引力的新的研究领域——微生物学的

罗伯特·科赫（Robert Koch, 1843—1910）
由瑞典斯德哥尔摩诺贝尔基金会提供

存在。这个研究领域在他的有生之年将会引起医学的革命，而这其中科赫本人的努力相当重要。

1866 年科赫获得了医学博士学位和行医执照，并于次年与克劳斯特一名高官的女儿埃米·弗瑞兹（Emmy Fraatz）结婚。至少一开始，他的婚姻似乎是很幸福的。1868 年科赫唯一的孩子降生了，这就是在他一生中都与他保持亲密关系的女儿，即使是在他第一次婚姻破裂以后和女儿的关系也一直是非常亲密的。开始时他的婚姻生活总是面临经济困难，作为私人诊所医生，他经常为了提高收入而搬家。在 1870～1871 年普法战争中，他当了一段时间的军医，之后又回到民间行医，并通过了地区医疗官（Kreisphysikus）考试。1872 年，在一位很有影响力的病人的推荐下，他被任命为沃尔斯太因小镇的地区医疗官，这个小镇当时在普鲁士的坡森省（现在在波兰的波兹南）。在这个偏远的乡下，科赫成为备受尊敬且很受欢迎的乡村医生。这个小家庭在这里度过了快乐的八年。正是在这里，他开始了他的与巴斯德比肩的全世界最出色的细菌学家的科学生涯。

今天，我们倾向于强调知识环境对年轻科学家成为杰出人物的关键作用，他（她）需要一位可以模仿和超越的导师，以及在一个关系亲密、运行良好的研究组中工作所产生的灵感和力量。这个论点很好，我们能通过不折不扣的科学家的宗谱一次又一次地证明是杰出的科学家培养了杰出的科学家。但同时，我们也不应该忽视许多令人吃惊的例外。科赫就是这样的一个例外。你很难想象有一个比沃尔斯太因这个与世隔绝的乡村更没有刺激性、更不可能导向实验性医学研究的环境。唯一值得一提的有利于他研究工作的是，他在当地居民中行医的工作能留给他一些业余时间。

可能是当地的农业环境使得科赫早在巴斯德开始他的疾病研究之前就对炭疽产生了兴趣。吸引科赫的是，他观察到最早由法国病理学家卡席米·约瑟夫·达维纳（Casimir Joseph Davaine）所描述的个体很大的、杆状的、容易识别的杆菌，但有时在死于炭疽的动物的血液中却看不到这种杆菌。而且，这些不含杆菌的血液仍然能在健康动物中引起炭疽。似乎炭疽杆菌能够以另一种不易见的形式存在，但仍然具有感染性。

在细菌学发展的早期，人们普遍相信细菌没有确定的形态，可能有的时候是杆状的，有的时候是球形的。这个想象被称为多形性。著名植物学家卡尔·冯·内格里（Karl von Nägeli，1817—1891）一直到 1878 年还在宣称："没有真正的细菌物种。相反，细菌的可变性是无限的。相同的物种可能在生长几代之后出现不同的形态和生理形式，经过几年，它们可以使牛奶变酸，或使蛋白质腐败，有时候它们会引起白喉或斑疹伤寒、霍乱或者回归热。"针对人们对细菌改变形态和特征的能力的过度相信，另一位伟大的植物学家费迪南·科恩（Ferdinand Cohn，1828—1891）坚持认为细菌可以像植物那样根据形态分类。球形的细菌一代代地维持着球形的形状，而不会具有杆状的形状。

在他的乡村诊室里，科赫在一道帘子后面建起了一个用来从事研究的实验室。他有一台性能很好的显微镜，他在显微镜上安装了一个装置，使他可以让观察对象，如一滴液体培养基，在恒温下连续保持几天。他还有一台显微照相设备，以及一间储存间改成的暗室。在这段时间里，他的妻子成了不拿工资的实验室助手。人们可能很想知道，她对科赫的研究是否也同样有热情。

在这个简陋的实验室里，科赫在不同的条件下在不同培养基的液滴里培养炭疽细菌。这样他就能追踪大的杆状细菌转变成小得多的芽孢的过程，以及芽孢生长成杆状细菌的相反的过程。炭疽细菌的发现者达维纳从未观察到这种转变，但费迪南·科恩实际上已经预料到炭疽细菌可能具有形成芽孢的能力。显然，芽孢代表着细菌的另一种形式，这种形式更能抵抗不利的条件，如长时间的干燥。科赫意识到细菌的这种对不同环境和生长条件的适应完全不同于内格里和其他多形论者提出的奇异的转化现象。

在1876年春天，科赫向居住在布勒斯劳的费迪南·科恩阐述了他的发现。这位伟大的植物学家对科赫的工作印象深刻，从而同意将其发表在他自己的期刊《植物生物学来稿》（*Beiträge zur Biologie der Pflanzen*）。这就是为什么科赫在细菌学方面的开拓性的论文之一，即科赫影响深远的《基于炭疽菌个体发育的炭疽病原学》出现在植物学期刊上。同时，文章阐明了植物学与细菌学这门年轻的科学之间的关系。雅各布·亨勒已经提出了他所假设的微生物属于植物王国。

在19世纪接下来的几十年中细菌学爆炸式的发展很大程度上依赖于科赫的两项简单却极其重要的技术。德国病理学家卡尔·威格特（Carl Weigert，1845—1904）首先用合成的苯胺染料给细菌染色。科赫巧妙地改进了这个过程，他在染色之前让细菌的薄层在玻璃片表面干燥，使得它们固定在玻璃表面，这样就能够在显微镜下观察和拍照。他用这个技术得到的照片十分鲜明和清晰，甚至可以用来给在伤口中发现的细菌分类。当科赫向德国一流的病理学家尤利乌斯·科恩海姆（1839—1884），以及包括他将来的合作者与亲密的朋友保罗·埃尔利希（Paul Ehrlich）在内的一群科学家展示他的结果时，他们都表现出极大的兴趣和赞赏。但是，科赫后来去柏林对德国病理学的元老鲁道夫·菲尔绍（Rudolf Virchow）的拜访却并不成功。菲尔绍不倾向于接受微生物在传染病中的作用，而是迷恋于那些几乎已经是陈腐了的"瘴气"的观点。在接下来的许多年里，科赫和菲尔绍经常站在对立面上。

科赫是科恩理论的坚定追随者。科恩的理论认为，细菌物种具有特征形态和生理性质，而且经过无数次传代也保持不变。1878 年科赫卷入了与卡尔·冯·内格里的激烈争论。此前，内格里在新出版的一本书中详述了他的多形性思想。科赫清晰地、毫不含糊地（如果我们不说是近乎"残酷"地）坚持自己观点的态度将会一次又一次导致他与其他科学家之间的矛盾。在这些科学家中，还有一位是他最杰出的合作者埃米尔·冯·贝林。在与内格里争吵的同一年，科赫发表了关于伤口感染的重要研究：《伤口感染的病原学研究》。即使大多数内科医生都已经接受伤口感染是由细菌引起的观点，这在过去也仍是一个有争论的问题。约瑟夫·李斯特（Joseph Lister）过去倾向于多形性思想，西奥多·比洛斯（Theodor Billroth）也持同样的观点，后者提出假设，认为所有的细菌感染都是由同样的细菌——腐败球菌（*Coccobacteria septica*）引起的。

科赫能够用来自感染的伤口的样品将感染传递到实验动物身上。在分析这种最终能杀伤动物的实验性感染时，他能观察到许多形态不同的细菌物种。他得出的结论是：用现代的术语来说，伤口感染可能是由多种多样的遗传学上不同的细菌物种引起的。科赫的论断说服了李斯特和比洛斯，此后他们都支持科赫特定的细菌物种引起特定疾病的理论。科赫在伤口感染工作上的另一个重要的结果是他著名的推论，这个推论实际上以前就由他年长的老师雅各布·亨勒提出过。两者最大的区别当然是亨勒的推论纯粹是以理论思考为基础的，而科赫能用实验证据支持他的理论。科赫的推论可以概括如下。

1. 一定有办法证明细菌（或者病毒）存在于所有的患病机体中，相信

尤利乌斯·科恩海姆（Julius Cohnheim, 1839—1884）

由瑞典斯德哥尔摩邦尼尔集团提供

它们是造成某种疾病的原因。

2. 这些可疑的微生物一定能用纯培养的方式分离出来。

3. 用纯培养的方法一定有可能使合适的实验动物感染上疾病。

关于炭疽的大争论

科赫作为一个业余细菌学家，在沃尔斯太因行医的闲暇时间里偷空获得了成功，这让人难以置信。但现在越来越清楚的是，要实现他在科学上的抱负需要完全不同的资源。一间设备精良的实验室、接受过大量培训的实验员、置身于一群年轻热情的科学家之中的机会，以及将所有的时间都投入研究的可能性，都变得必不可少了。费迪南·科恩曾经试图在布勒斯劳给科赫提供一个教授职位，但是没有成功。直到 1880 年在尤利乌斯·科恩海姆的推荐下，他被任命为德意志帝国卫生部的最高执行官（Regierungsrat，一个长期的高级职务）。科赫的实验室在靠近查理特医院的一栋楼里，这栋楼以前曾是公寓。在这里，科赫和作为助手的两个年轻的军医，弗里德里希·勒夫勒（Friedrich Loeffler）及乔治·加夫基（Georg Gaffky）一起开始了工作，他们最终将成为世界上一流的细菌研究团队。

科赫的老板，弗里德里希·施特鲁克（Friedrich Struck）实际上给了科赫自由选择研究项目的权力。就在第二年，科赫发表了另一项开拓性的细菌学研究技术的改进，即在固体培养基上培养细菌。开始时他将细菌悬浮在含有明胶的液体介质中，而明胶能促使液体介质固化。很快他转向让细菌在固体介质表面生长。现在他有了获得由单个细菌生长而成的克隆的简单而可靠的方法，而在过去，要达到这一目的需要用很原始的稀释技术，既累人又不可靠。1881 年，当科赫在访问伦敦的李斯特实验室期间展示这项技术时，巴斯德也在场，他当即申明细菌在固体介质上的生长是一项极大的进步。不幸的是，很快这两位细菌学的巨人就发生了激烈的争吵。

发生冲突的原因很复杂，一部分原因与他们似乎不能相互包容的个性有关。在一定程度上，这一冲突在 1870～1871 年以法国战败告终的普法战争之后更加恶化。巴斯德是位伟大的爱国者，还有一定沙文主义思想，而科赫可能也是这样。但是，还有更为明显的原因。自从科赫在 1877 年对炭疽真正产生兴趣以来，巴斯德就一直声称是他发现某种细菌能形成孢子。巴斯德依据的是他在19世纪60年代用蚕所做的工作中的一些零散的观察。实际上，毫无疑问，是科赫的导师和赞助人费迪南·科恩在1875年发现孢子形成的现象是枯草杆菌生活周期的一部分。

促使冲突升级的真正导火索是科赫描述在固体基质上培养细菌的方法及其他一些技术改进的论文。他寻找机会极力抨击巴斯德细菌学工作的总体质量和可靠性。科赫强调，巴斯德所使用的液体培养基不可能像固体培养基那样得到纯的培养物。特别是，他批评巴斯德在42℃得到的减毒炭疽菌，断言那只是培养物污染所导致的。从另一方面看，这一断言与巴斯德正是用这些高温减毒培养物获得了成功免疫的事实并不吻合。科赫常年坚持认为巴斯德对炭疽免疫成功的文件资料即便不是欺骗性的，也是不令人满意的。

巴斯德可不是一个甘于受到攻击不还击的人，当他知道科赫对他的谴责后，在日内瓦的一次两人都在场的会议上发起了反击。他对德国的研究小组不屑一提，认为他们是没有经验的新手，指出近年来他自己疫苗免疫的成功，并要求科赫做出回复。而科赫则等待时机，花了三个月发表了一篇反驳巴斯德的论述的论文。他出人意料地接受了获得以高温减毒形式存在的炭疽菌的可能性，但将这一发现的部分功劳归于法国兽医杜桑（Toussaint）。在1880年，杜桑将经55℃加热的被炭疽感染的血液用于免疫，并在一些实验中观察到免疫效果。接着科赫根据都灵兽医学院报道的一些阴性结果继续批评巴斯德的免疫研究。他再次提出对巴斯德用错误的技术得到不纯的培养物进行实验的指控，而且，他从总体上对巴斯德的医学和细菌学知识提出质疑。

巴斯德以给科赫发公开信的形式对此做出答复，在信中他以讽刺的口吻而非公正地指出科赫的文章实际上已经勉强承认了巴斯德关于炭疽减毒菌的工作是正确的。第二年欧洲全面使用了巴斯德的疫苗进行了成功的免疫接种，其中包括普鲁士。尽管如此，当巴斯德在1887年胜利地宣布现在即使是"柏林学派"也被疫苗的效果说服了的时候，科赫立即对此做出回应，他决不改变对巴斯德炭疽疫苗的看法。从这件事上只能看出科赫是个出了名的倔脾气，虽然在很多方面坚持己见是有益的，但在这种情况下，此事更多是被当作他不愿意承认错误的一个例子。

巴斯德和科赫的学派在总体研究方向上无疑有着很大分歧。巴斯德对于看到他的工作带来实际的成果可以造福人类有强烈的愿望,尤其是在他热爱的法国,所以他很自然地会强调像疫苗这样预防疾病的方法。在当时,真正治愈传染病是根本不可能的,直到几乎一个世纪以后我们才会有对抗细菌感染的有效药物。而在另一方面,科赫接受过系统的医学和形态学训练,他开创了培养细菌和获得其纯培养物的方法,使这些细菌能够被鉴定并与不同的临床条件相联系。他也不像巴斯德那样倾向于接受通过改变细菌的生长条件而使其致病力(毒力)减弱的观点,即使细菌在形态上没有改变。因此,他倾向于否定巴斯德的减毒炭疽菌,认为那只是不纯的培养物。与此相反,巴斯德想当然地坚持认为他的减毒代表着真正的细菌性质,如毒力的改变,但是毒力又可以通过在合适的宿主中传代得以恢复。法国和德国细菌学的差异解释了分离与鉴定引起结核、霍乱、白喉及淋病的病原菌的重大进展都出现在德国的原因。

结核,一种传染病

法国临床医生和病理学家泰奥菲勒·雷奈克(Théophile Laennec,1781—1826)对肺结核特别感兴趣,这并不只是因为他本人患有此病。尽管他对此兴趣浓厚,但他从未意识到结核是一种传染病。雷奈克不是唯一犯此错误的医生。甚至到 19 世纪 80 年代,大多数内科医生仍然持此观点。法兰卡斯特罗在 300 年前提出的见地深刻的结论早就被遗忘了。并非是医生们不知道结核所引起的病痛。相反,一般的医生都知道这是年轻人和中年人患病及死亡的主要原因,是夺去各个社会阶层人性命的罪魁祸首。多数医生认为,患病主要是一个固有的、遗传性的问题,当然恶劣的居住条件和营养不良无疑也起一些作用。按照盖伦的思想,这是一种体液失调,或者说是体液紊乱;无论如何,它是没有传染性的。

但是,很快就会有实验证据表明结核根本就不是体液失调,而是一种传染病,就像法兰卡斯特罗声称的那样。1865 年法国医生吉恩·安东尼·维尔曼(1827—1892)成功地将牛结核转移到兔子身上。几年后尤利乌斯·科恩海姆表明接种在兔眼前房里的结核材料引起视网膜的结核损伤。这些结

奥菲勒·雷奈克（Théophile Laennec, 1781—1826）
由瑞典斯德哥尔摩邦尼尔集团提供

果对于相信结核是感染性的病原的医生当然是令人振奋的，但是到目前为止这只是假设，还需要有更确定的证据。这就需要利用科赫精湛的细菌学技术在纯培养中获得神秘的结核杆菌并阐明其作为致病原因的作用。

但结果表明结核杆菌的性质使其比炭疽菌更难研究得多。它的个体要小得多，特别难染色。经过很多次尝试后，科赫成功地用碱性甲基蓝染出了在结核组织中的细菌。染色过程很快得到了保罗·埃尔利希的改进。他还提出结核菌被一层蜡状物质包裹，而科赫最终接受了这个观点。最大的问题是结核杆菌在培养基上长得不像炭疽菌那么好。最后，科赫成功地在热凝固血清的斜面上培养出了结核菌。但是这是个非常缓慢的过程，需要两周才能观察到细菌的生长。用这样的培养和染色技术，科赫接下来就能够证明结核菌既存在于肺结核的典型结核样病变中，又存在于其他器官的结核物质中。这个结果毫无疑问终结了这是两种不同疾病的旧思想，其实这个错误先前就被雷奈克否定了，而菲尔绍还在顽固地坚持。检测病人痰中结核菌的存在成为诊断学上极为重要的测试，这也使得确定病人是否处于疾病的传染阶段成为可能。进一步的实验证明，细菌的纯培养物能够使结核传递到不同的实验动物身上，因此符合科赫和亨勒的三个推论。

1882年3月24日，科赫在柏林生理学会做了一个报告——《论结核》，讲述了他的结果，报告厅座无虚席，听众中就有他的日后合作者——保罗·埃尔利希。埃尔利希后来把这次活动描述为他生命中最伟大的科学经历。科赫忠实的学生弗里德里希·勒夫勒当然也在座，25年后，他也把这次活动回忆为细菌学历史上最伟大的一个时刻。

我想大家都毫无疑问地认为科赫不是个很好的演说家。相反，按照勒夫勒的说法，科赫说话很慢而且好像在笨嘴拙舌地寻找词汇。尽管如此，他用他严谨的、有逻辑性的朴实演讲给听众留下了深刻的印象。勒夫勒特别指出，演讲结束后完全没有讨论，这在学会的历史上绝无仅有。他本人的解释是科赫完全说服了在场的每一个人。几周后，科赫在《柏林临床周刊》（*Berliner klinische Wochenschrift*）上发表了一篇题为《结核病因学》（*Die Ätiologie der Tuberculose*）的文章，这是医学史上真正的里程碑之一。文中虽然包含着某些错误，例如，科赫没有区分人结核和牛结核，而认为它们是由相同的杆菌引起的，但这一事实并没有降低我们对它的高度评价。当后来科赫认识到他的错误时，他朝相反的方向走了更远的一步，他宣称人们可以忽略牛结核传播到人的可能性。这将导致他与埃米尔·冯·贝林及李斯特勋爵之间的科学冲突。

尽管有毫无争辩的大量证据，但仍然有一些愚昧的反启蒙主义者继续怀疑结核是由结核杆菌引起的，对于这些人，科赫毫无怜悯同情之心。他总是近乎残忍、直截了当地指出他们技术的不完善和一般的无知。即使菲尔绍和他的追随者仍然从总体上怀疑细菌是致病的原因，科赫也仍可以说是取得了全面的胜利。他在科学上的杰出成就也获得了普鲁士当局的认可，他们授予他枢密最高行政长官荣誉。他的精力很快将被其他的细菌学和卫生学方面的全球性难题所占据。

霍 乱 弧 菌

1883 年，霍乱随着伊斯兰朝圣者出于对信仰的忠诚去往麦加的旅程，从印度传入埃及。巴斯德曾经警告过法国政府，这次离法国地中海沿岸如此靠近的暴发会对法国本身及欧洲的其他部分造成威胁。根据他的建议，法国政府派遣了一个医学委员会前往埃及，其中包括巴斯德的几个学生，年轻的路易斯·特威利尔（Louis Thuillier）就是他们中的一员，他可谓是细菌学英雄时期的悲剧受害者之一。德国政府不想落后，也派了由科赫带队的他们自己的委员会去埃及。

从一开始，法国的细菌学家就遭遇了种种不幸与糟糕的运气。他们原始的技术，即试图用液体培养基获得纯培养物失败了，只是产生了令人困惑的肠道细菌的混合物。开始时他们极为重视在病人血液中发现的颗粒，后来证明那只是普通的血小板（凝血细胞），是凝血系统的正常成分。在这些徒劳的努力中，特威利尔感染了霍乱。科赫得知特威利尔得病后，拜访了他这位处于死亡边缘的年轻同事和竞争对手。据说特威利尔问了科赫，法国研究组在病人血液里发现的颗粒是不是霍乱菌。尽管与自己更准确的判断相悖，但当时科赫确实应该是给了这个濒死的青年一个肯定的答复。这是一个值得怀疑的动人故事。但此外，这又与科赫个性的其中一方面相吻合，他并不轻易将性格中的这方面展示给他的法国同事，即存在于他冷淡外表下的温暖的人道主义特质。

科赫与他的合作者用更胜一筹的固体介质培养细菌的技术分离到了很小的"逗号样"弧形细菌，这些细菌在霍乱病人的肠道内容物和肠壁中大量存在。当特威利尔死去时，埃及霍乱的流行正在消失，于是科赫转移到霍乱正在流行的印度的孟加拉^①。在孟加拉，他们证实了在埃及的发现，在多达 70 个霍乱病例中证明了"逗号菌"的存在，本书从这里开始就这样称呼这种细菌。而困难在于，将这种"逗号菌"注入许多实验动物，如猴子、狗、鸡和小鼠并不引起霍乱。但是后来，科赫证明当将这种细菌（我们现在称为霍乱弧菌）悬浮在碱性介质中直接注入豚鼠的胃中可以引起霍乱。另一个证据是实验室工作人员无意中接触霍乱弧菌的纯培养物时被感染而患病。1884 年 3 月，科赫在印度向德意志帝国卫生部提交了最后的报告，在报告中他指出孟加拉村庄里的小池塘是全村人的水源，也是感染的主要来源。通过从霍乱流行的村子的饮水中分离霍乱弧菌，科赫实际上用实验证实了约翰·斯诺 35 年前在伦敦得出的结论。

医学委员会的成员回到德国时受到了英雄般的热烈欢迎。国王授予科赫卓越勋章，国会奖励他 10 万马克，杰出的医生恩斯特·冯·伯格曼（Ernst von Bergmann）在柏林举行的盛大宴会上向他表示了敬意。但是，并非科赫所有的同事都那样热情。在他倡议召开的两次会议上，在菲尔绍的主持下对"逗号菌"的问题进行了讨论，当时没有科赫的朋友或细菌学家在场。一流的德国卫生学者马克思·冯·培顿科弗（Max von Pettenkofer）在后一次会议上发言，质疑"逗号菌"是引起霍乱的原因。相反，他沉溺于有害的推测。科赫当然对自己的发现进行了有力的辩护。他们的交锋导致了长期的冲突。

在 19 世纪末，即使是在像德国这样医学发达的国家，在霍乱带来的灾害面前也是不安全的，即便疾病的原因及其传播方式都已经被阐明了，病原因果关系也还没有被普遍接受。在 1892 年 8 月，汉堡暴发了严重的霍乱流行，有 18 000 人患病，死亡率达到 45%。政府请教科赫怎样遏制流行，他提出了在我们现在看来是理所当然的预防措施，例如，用细菌学方法进行早期诊断，对污染的排泄物进行消毒，还有严格的饮水卫生，等等。极

---

① 译者注：印度和孟加拉国在对方领土内都有复杂分布的飞地，直到 2015 年 6 月 6 日，时任印度总理的纳伦德拉·莫迪前往孟加拉国首都达卡与孟加拉国总理谢赫·哈西娜共同签署了一份领土互换协议，这才标志着两国之间长达 68 年的边境飞地问题宣告结束。此处应指位于印度境内的孟加拉国飞地。

其令人难以置信的是，这些措施受到他的反对者马克思·冯·培顿科弗的讥讽。为了强调他对科赫的"逗号菌"是霍乱病因理论的厌恶，培顿科弗和他的追随者之一鲁道夫·埃默里希（Rudolf Emmerich）教授鲁莽地吞下了一些霍乱弧菌的新鲜培养物。这两只"人类豚鼠"之一，埃默里希毫无悬念地患上霍乱病倒了，而培顿科弗则逃过一劫，只得了腹泻。因为这项危险实验的两名参与者都没有死，培顿科弗认为他证明了他的观点——霍乱不是由科赫的"逗号菌"引起的。科赫志得意满地写了关于如何用他的方法与汉堡的霍乱流行做斗争的长篇报告，这篇报告很快被德国和国际社会广泛接受了。

令人遗憾的错误

1885 年，科赫被任命为柏林大学新设立的卫生学学科主席，他被从世界各地来学习细菌学这门新科学的杰出的合作者所包围。除了从一开始就与他在一起的勒夫勒和加夫基，保罗·埃尔利希、埃米尔·冯·贝林后来也加入了团队，这里只提几个最著名的名字。1891 年，科赫成为新建的柏林传染病研究所所长，并一直任职到 1904 年。似乎他承担的任务从不会失败。尽管如此，这位好斗的科学家即将被卷入他一生中接连不断袭来的冲突中最严重的一个。

在 19 世纪 80 年代末，科赫的研究逐渐转向发现一种有效的抗结核疗法。他大多数时候独自工作，被一种保密的气氛包围。1890 年 8 月在柏林的一次国际医学会议上，科赫在一个枯燥的演讲的结尾出人意料地宣布他已经找到了一种能在试管和实验动物中防止结核杆菌生长的物质，注射了这种物质的豚鼠变得对结核杆菌的感染有抗性，并且能够阻止已经显现结核症状的动物的疾病进程。在同年的 11 月，有来自与科赫紧密合作的医生的轰动性的报道，称他们已经获得了这种新疗法在治疗人类结核中的令人惊叹的结果。科赫本人指出这一物质对长结核的组织具有破坏作用并警告应避免在肺结核晚期病例中使用。另一方面，他宣称这是一种对抗早期结核的疗法。

这在医学界和公众中产生的轰动效应都是巨大的。在此时，结核在社会各阶层中都有广泛的传播。几乎每个人都有亲戚和朋友是这一致死性疾病的罹患者。病人们聚集到柏林希望得到科赫的治疗。莫阿比特市立医院开放了 150 个床位的新病房接收罹患结核的贫穷病人，在科赫的合作者保罗·埃尔利希的监督下，接受科赫的未知物质的治疗。开始时结果看上去非常有希望，高调推广这一新疗法的普鲁士公共教育部长古斯塔夫·冯·高斯勒（Gustav von Gossler）给了这一乐观的报告更多的信誉。高斯勒似乎意图制造对这种神秘物质的公共垄断，这就是他建议科赫不要公开这一物质的细节及其如何获得的原因。

当开始的热情消退后，批评声越来越多。制造对一个产品的公共垄断的想法遭到大众的反对，科赫因为拒绝公开任何有关导致发现这一活性物质的研究细节而受到批评。更糟的是，有令人信服的证据表明这一物质实际上是有毒性的。不出所料，科赫的老对手菲尔绍竭尽全力地用尸体解剖证明在这一神秘药物注射的部位产生强烈的炎症反应。他还强调感染扩散导致粟粒性肺结核的可能性。让科赫描述他的样品及其获得途径的要求越来越急迫。最终在 1891 年他这样做了，结果样品只是结核杆菌纯培养物的甘油提取物。关于科赫之前提到的豚鼠实验的信息并没有被提到。

现在人们越来越怀疑这种后来被称为结核菌素的物质究竟对结核病是否有治疗效应。批评不断地增长，甚至是像恩斯特·冯·伯格曼这样忠实的朋友和支持者也开始产生了怀疑。科赫称给感染了结核的豚鼠注射结核菌素能使豚鼠对结核产生抗性，但是当伯格曼要求查看本该做的豚鼠尸体解剖的方法时，发现科赫似乎并没有对这些动物进行尸体解剖。科赫所宣称的结核菌素在豚鼠中的预防和治疗效应根本没有真实的基础。谣言现在变成了事实，而且产生了政治后果。大众认为古斯塔夫·冯·高斯勒应该为在正确地进行科学测试之前就着急推出科赫的结核菌素的哗众取宠的方式负责。科赫本人在这里也不是无可指责，但高斯勒成了替罪羊，不得不辞去部长职位。

科赫的敌人——因为他攻击性和好斗的处事方式，他有很多敌人——现在看到了机会。他的老对手，鲁道夫·菲尔绍猛烈地批评为科赫创立的传染病研究所的支出。"科赫作为研究所所长的工资太高（每年 20 000 马克），他的研究预算与整个柏林大学相当"，这位德国病理学带头人在国会大厦提问时这样抱怨。但是这样的攻击没有任何结果，因为科赫有高层人员的支持，所以保住了他的研究所和经费。最终，结核菌素注入经历过结核感染的病人的皮肤时引起的过敏现象将被证明具有诊断价值。但是，他的科学声誉还是受到了损害。

除了所有这些麻烦以外，科赫的婚姻也濒临破裂。自从科赫遇到了比自己小 29 岁的年轻女子，海德薇·弗莱贝格（Hedwig Freiberg）后，他似乎已经与妻子疏远很长时间了。当科赫第一次看见她时，她才 17 岁，而科赫无可救药地爱上了这位美丽而有天赋的女孩。在给她的信中，他既扮演着深情的爱人的角色，向她许诺他炙热的爱情，又扮演着世界著名科学家的角色，理所当然地向她倾诉他研究上的忧虑。例如，他的老对手菲尔绍如何寻找一切机会阻挠他，以及一直存在的如何为新研究所谋求经费的问题。在一封写自被霍乱困扰的汉堡的信中，他将城市的街道描述成遍地死尸的战场。在信的最后他表示知道她在乡下很安全时感到非常高兴。他还明确禁止她吃任何没有彻底煮熟的东西，要求她不吃水果，不吃沙拉！他从来没有意识到自己在这座被病患充斥的城市中工作期间也面临着持续不断的危险！

当科赫将他近期买的他父亲在克劳斯塔尔的房子的所有权转让给他的妻子埃米，并为她今后的生活做了优厚安排时，她同意离婚。她似乎在离婚后仍然对有关科赫的每一件事情有着极大的兴趣。1893 年 9 月，科赫与海德薇·弗莱贝格结婚，正如所料，这带来了很多复杂的问题。使情况更糟的是，她是一个艺术家，这一职业在德意志帝国不享有太多的尊敬。他的离婚和接下来的再婚成为社会上的绯闻，得到了比那令人遗憾的结核事业更多的关注。在第一次世界大战把旧社会搅了个天翻地覆的资本主义文化的黄金时代，人们很喜欢进行道德说教。

属于全世界的细菌学家

如果科赫对受邀去做我们所说的第三世界的所有研究项目的领头人越来越感兴趣，这是很容易理解的。毕竟，他无疑是他那个时代最伟大的细菌学家，而巴斯德辉煌的职业生涯即将结束。在 19 世纪 90 年代后半期，科赫实际上所有的时间都是在国外度过的，最多是在非洲和亚洲，越来越多地从事许多热带病工作,大部分时间都有他年轻的妻子陪同。一开始看上去并不协调的婚姻现在变得非常幸福。从南非发来邀请,请科赫去帮助研究奥兰治河北部使牛大批死亡的牛瘟病。科赫带着他的科学助理,当然也有他的妻子,于 1896 年底抵达当地并立即着手工作。他很快确认这不是细菌感染引起的(这是由病毒引起的疾病)。他试图获得减毒的疾病病原,但没有成功。最后,通过用患病后康复的牛的血清混合物及患病动物感染的血液获得了短期的免疫。另一种策略是给家畜接种刚刚病死的动物的胆汁,最终牛瘟得到了控制。

工作做到这一步,是他该要离开南非,作为由德国政府派遣的科学委员会的领导去印度对付西北省份流行的腺鼠疫的时候了。巴斯德研究所的亚历山大·耶尔森(Alexandre Yersin,1863—1943)和科赫自己以前的合作者北里(Kitasato)在 1894 年各自独立地发现了鼠疫杆菌,鼠疫耶尔森杆菌(*Bacillus yersini*)。德国委员会与来自其他几个国家的科学家一起进行了流行病学研究并证实了过去老鼠携带疾病的观察,但没有意识到跳蚤作为鼠疫杆菌媒介的作用。科赫从印度旅行到当时位于德属东非的达累斯萨拉姆,在那里他从事疟疾和黑水热的工作。黑水热是疟疾的一种危险的并发症,而科赫用奎宁中毒的方法压制了下去。

1889 年初夏,科赫回到柏林,但只停留了几个月。他要继续他的疟疾研究。当年秋天他在罗马的郊区待了一些时候,那里是意大利疟疾最严重的地区。次年春天他回到意大利,这次是和他的妻子一起。到了秋天,他们去了爪哇。科赫越来越相信拉韦朗(Laveran)和罗斯(Ross)关于蚊子是疟疾媒介的说法是对的。在德属新几内亚,他的妻子得了疟疾,不得不回到德国,因为她对奎宁过敏,所以不能治疗。科赫和他的同事继续为根除疟疾而不知疲倦地奋斗,至少是限制它的肆虐程度。在新几内亚,对付蚊子似乎是没有希望的,因此科赫决定采用另一种方法。他们检查了暴露于疟疾的人群,用奎宁治疗那些血中有寄生虫的人,直到血中不含疟原虫,而且不再复发。这种方法要求有很好的医学组织工作和守纪律(药物依存性好)的病人,最后被引入了所有的德国殖民地,在很多地方被证明有效。1900 年 10 月科赫因为要处理研究所事务回到柏林之前,他已经度过了在热带旅行的最后四年中的三年。

在接下来的几年中,科赫致力于与在普鲁士和鲁尔流行的伤寒热的战斗，他采用的是原理上与成功对付霍乱的方法相同的做法——细菌诊断、水卫生，以及隔离病人与无症状的疾病携带者。当伤寒流行逐渐消退时，科赫又迫切地想去外国那些似乎一直等着他的地方开展研究。1904 年在他入选德国科学院的时候，直到五年以后才发表必要的当选演说，这已经是司空见惯的了。他的借口就是他的科学探索不允许他在较早的时候发表这个演说。1903 年初，科赫和他的同事及一直陪伴他的妻子来到罗德西亚研究另一种牛的疾病，这次是以蜱为媒介的焦虫病，科赫称其为"非洲海岸热"，并试图用反复注射含有寄生虫的血液使动物获得免疫。

1905 年，科赫为了研究引起非洲海岸热的焦虫的生活周期而回到达累斯萨拉姆。他还研究引起昏睡病的锥虫，试图阐明它在媒介——舌蝇中的生活周期。一年后，科赫在东非领导德国昏睡病委员会。他的妻子再次陪同他。但是当他们在昏睡病比以往更严重的维多利亚湖西北岸的茅屋里露营的时候，科赫坚决让他年轻的妻子先回德国——昏睡病是他觉得不想让她接触的东西。除了科学工作以外，委员会还试图用阿托西治疗病人。阿托西是一种含砷的合成物质，但并不像它的名字那样——它是无毒的。然而有时它能引起视神经萎缩。在 1633 个用阿托西治疗的病人中，有 23 人永远地失明了。另一方面，它是手头上仅有的治疗这种致死性疾病的最有效的药物。科赫似乎也考虑了一些极端的预防措施，例如，终止所有靠近大牛群的大型比赛。野生动物显然是舌蝇的宿主，但科赫的方案在猎人中引起了强烈抗议，所以不得不放弃。一个意想不到的发现是舌蝇非常喜欢吸食鳄鱼的血。所以科赫花了很多时间热心地捕捉鳄鱼，这对微生物学家来说是一项怪异的工作。

荣　誉

很少有医学科学家得到像科赫那样的荣誉，也极少有人受到如此多的批评。他的勋章和其他荣誉的清单令人印象深刻：大十字红鹰勋章；蓝十字勋章（普鲁士军事勇气最佳卓越奖，也可授予对和平有很大贡献的人）；凯撒-威廉学院成员，因其在军事卫生学上的成就获得少校军衔；法国科学院外籍院士，在那里他是他的老对手菲尔绍的继任者；此外还获得"最佳枢密院议员"（Wirklicher Geheimrat）的头衔。在今天看来，1905 年诺贝尔生理学或医学奖当然应该被当成是最高荣誉。但是，这个奖项在当时并没有像今天这样高的声誉。在下面的章节中，我们将回到他的诺贝尔奖。

科赫似乎拥有了所有科学家希望得到的赞誉，但是在喝彩声中也有一些刺耳的批评。这种情况一直持续到 1904 年德国科学院决定选举他为院士。在那时，他一直对自己在医学科学界的地位感到很享受，这种地位可以说是独一无二的。但是，就在科学院拖沓和犹豫了几十年后，当他们终于下定决心时，发生了一些令人震惊和非常尴尬的事情。像英国上流俱乐部一样，投票是用黑白球进行的。结果在 44 位到场的院士中，最多有 8 位投了黑球。他们不认为科赫配得上成为这个卓越的组织的成员。

投了黑球的院士是谁？他们的动机是什么？投票当然是秘密的，而我们永远不会知道答案。但是至少可以推测他们的动机。投黑球的一个明显的原因当然是结核菌素丑闻。科赫不但错误地激起了许多病人和他们的医生的希望，而且用他少见的顽固尽可能长时间地坚持他的错误。事实上，科赫从来没有公正地撤回关于结核菌素疗效的宣传。他只是希望人们因同情而渐渐遗忘。在这次结核菌素事件中，科赫的表现无疑让大众知道这个受人尊敬的人也具有所有人类都有的弱点。如果一些院士因此不能原谅他，也是可以理解的。同时，也可以怀疑在投黑球的人中有不是那么光彩的动机。

科赫有一条不饶人的舌头，在辩论中他是有力但并不刻薄的对手。在很多情况下，他证明他自己是正确的，而在他的许多对手看来这就是不可原谅的错误。你可能会认为他们气量不够，不愿接受他与众不同的科学立场。另一方面，即使是他最热心的崇拜者也必须承认，科赫自己在对待他的对手时几乎不会表现出高贵和宽容。可能他离婚并与比他年轻很多的艺术家结婚的绯闻也与此有关？配偶的社会地位（或没有这样的地位）在这个时期非常重要。即使是这样，他年轻的妻子在具有极其不确定性的环境下愿意陪伴丈夫经历危险和艰难困苦，也应该足够让院士们接受她。

为　人

科赫在他的同事中激起了强烈的思想感情；这里边有崇拜和尊敬的感

情，在很多情况下是忠诚和友谊，但也有嫉妒和厌恶，有时甚至是憎恨。他的确不是一个谦虚的人，他也没有什么需要谦虚的理由。但是，有时他表现出了出人意料的谦逊。1908 年在纽约的一次演讲中，他这样解释他的成功：他是在他的科学漫步中偶然来到了在路边还能发现金子的地方。另一方面，可能自信和毅力才是他作为一个科学家最重要的个性品质。他总是向他的学生灌输的箴言是：坚持和永不放弃。有时决不放弃的意愿会走过头。结核菌素就是这里首先要提到的例子，但还有其他的例子。一直到最后，科赫坚持认为牛结核对人不构成威胁，尽管埃米尔·冯·贝林和英国科学家已经给出了不同观点的有力证据。

人们可能会说科赫不擅长处理人际关系，而更擅长和细菌打交道。当然，他可能对不能理解他的成果的同事表现得很严厉和不近人情。同时，他的个性有非常不同的一面，他与老朋友保罗·埃尔利希的关系就是证明，而更重要的是，他对他的女儿格特鲁德（Gertrud）或他在信中称呼的"陶德馨"（她名字的爱称 Trudchen）尤其如此。这些信件中有一封是 1883 年在尼罗河三角洲写的，当时他在等取道苏伊士运河的蒸汽船将他带到因霍乱肆虐而提供大量研究机会的印度去。这是一封很长很感人的信。在信中这位伟大的细菌学家为不能送她更多当地植物制成的干花而道歉，因为气候太潮湿，而花不能保存。为了宽慰他年幼的女儿，他将一只真的蚊子固定在信上，并给出了如何将它分离下来的详细的指导。她的爸爸特别指出这只蚊子是特别坏的那一种，你经常会被它咬。科赫不可能完全不懂日常心理学，人们可能还记得他在沃尔斯太因曾是受高度尊敬的医生。

他觉得他对在传染病研究所工作的每个人都有父亲般的责任。1903 年7 月，他在罗德西亚①的布拉瓦约时收到一份电报，称柏林的一位从事鼠疫杆菌研究的医生因被感染死去了。科赫以为是他在研究所的一位同事，所以非常忧虑。当最后得知那是一位不认识的澳大利亚医生，与科赫的研究所没有任何关系，科赫感到极大的解脱。但是，三年后，当科赫在东非维多利亚湖岸露营时，在柏林他自己的实验室的工作人员从事昏睡病锥虫工作时发生一起严重的事故。他们通过感染大鼠并在疾病最严重时取血的方法制备大量的锥虫。在实验操作中负责捉持大鼠的实验室助理施密特（Schmidt）

___
① 译者注：即今天的津巴布韦。

弄伤了自己，而伤口又不幸地被含有锥虫的血液感染了。当时人们立即用阿托西对他开始了治疗，并通知了科赫。在科赫从非洲写来的几封信中很明显能看出科赫有多关注这件事，而且他给出了关于治疗的指导。在德国的主治医生，伯恩哈德·穆勒（Bernhard Möller）写了最完整的科赫传记，在书中他高兴地叙述了施密特在事故后完全康复了，而且 35 年后在穆勒完成科赫的传记时，施密特已经在研究所拥有同样的职位。

在科赫强硬的个性里无疑也有人性温情和体谅的痕迹。可以肯定的是，这也是为什么他能建立起一个成功的、世界一流的、训练出许多那个时代最著名的细菌学家的研究组。在穆勒的传记中，有一份那些年科赫的合作者的名单，其中有不少于 57 个名字。这些人中有许多是细菌学史上的杰出人物。这一长串的学生名单无疑是科赫出色的人品的证据。

同时，如果有人想与科赫保持友好关系，那就必须很有个性。在他早期的合作者中，有好几个直到他生命结束时都和他保持着亲密友好的关系。最著名的例子是保罗·埃尔利希。另一方面，埃米尔·冯·贝林一开始和科赫的亲密关系很快变质了，当他们的研究项目彼此冲突时，他们的关系变成了真正的敌对。对于那些个性与这位伟大的导师不合，不可能有真正友谊的合作者来说，还有其他促使他们坚持这么做的强烈动机。当然，一些学生发现科赫是一位严格的导师，跟随他工作必须小心翼翼，但是巴斯德去世后他无疑是细菌学这门最重要、发展也最迅速的医学学科的领袖级人物。所以他们为了成为他研究组的一员，对很多事情就都会容忍。

在我们的观念里，科赫的最大贡献是他发展起来的基本技术，这些技术使得 19 世纪后几十年细菌学取得令人惊叹的进步成为可能。在这方面没有人能和他匹敌，他是无人能比的先驱。但是，可能科赫自己也不同意对他成就的这一评价。和他伟大的对手巴斯德一样，他似乎更愿意看到自己的研究导致治疗和预防医学的实际进步而直接有益于人类。有时，这个抱负压倒了他更为正确的判断，就像在结核菌素事件中一样，但是人们不能怀疑他对传染病受害者的同情。他将他所有的时间都用来与这些充斥于当时的医学画卷的疾病做斗争，不仅在印度和遥远的外国，在欧洲也是如此。科赫去到世界上最遥远最困难的地方进行科学探索，忍受了艰难困苦，在工作中冒着令人恐惧的热带病的风险。他的敌人——他有很多敌人——断言他只不过是为了逃避婚姻绯闻和结核菌素丑闻带来的所有麻烦，但这绝对不是全部的解释。带着他年轻的妻子旅行到地球的另一面，远离柏林会客室中的诋毁，或许是一种解脱，但是这本来可以在比起与乌干达的舌蝇或是新几内亚携带疟疾的蚊子为伍更舒适的环境下也能做到。

人们可能会认为科赫无休止的活动需要钢铁一样的体质，但事实是他经常请病假或是去休假旅行。似乎长期身处疟疾流行的地区使科赫自己也得了病。在 1902 年的一封信中，他写到自己疟疾发作，需要用奎宁治疗。在他最后的几年中，他受到心脏病的困扰。他抱怨说自己呼吸短促，上楼梯都很困难。1910 年 4 月他在德国科学院做了结核流行病学的演讲。几天后，他得了大面积心肌梗死，就再也没有真正康复过。同年 5 月，他在巴登-巴登最著名的疗养院中离世了。那时，人们发现他平静地坐在他的安乐椅中。他将椅子拉到打开的阳台门前，以便能享受早夏的花香，眺望黑森林和远处的山脉。

埃米尔·冯·贝林

有洞察力的教区牧师

　　1871 年霍亨索伦王朝的普鲁士人及其继承者彻底战胜法国后，在凡尔赛宫宣布成立的德意志帝国常常和军国主义及侵略性的外交政策联系在一起。但是，它也有着其他截然不同的传统。例如，令人惊讶的并且让人印象深刻的是，在强烈的科学导向的领导下，像弗里德里希·威廉学院（Friedrich Wilhelm Institute）这种普鲁士军事外科医生培训学校成为德国生物医学研究的重要摇篮，我们已经看到像鲁道夫·菲尔绍和赫尔曼·冯·亥姆霍兹（Hermann von Helmholtz）这样的名字就是很好的例子。在这里还应该加上埃米尔·冯·贝林（Emil von Behring）的名字，他排在一长串诺贝尔生理学或医学奖得主名单中的第一个。

　　1854 年 3 月 11 日贝林出生在一个大家庭中，他的父亲是当时西普鲁士一个小村庄中的一位贫穷的小学校长。他有 12 个孩子要养育（其中一个在 4 岁时夭折了），埃米尔成长的环境具有典型特征，不仅有传统的普鲁士式的虔诚和家长制的责任感，而且家庭经济条件非常拮据，可称得上贫穷。教区的雷伯兹（Leipolz）牧师注意到了这个男孩的天赋，想办法送他去了东普鲁士海恩斯坦的文理高中。因为家里太穷，他的父母曾决定让他辍学，但是他的老师们不但承诺提供经济上的帮助，而且强调这个男孩智力过人，这样才说服他的父母改变了主意。

　　在文理高中时，贝林就已经对医学产生了兴趣，但是他的父母从经济方面考虑，不想让他上医学院，而希望他成为一名牧师。当他正准备前往柯尼斯堡开始他的神学学习时，他的命运又一次因牧师而发生改变。雷伯兹牧师的一个外甥，高级军医（Oberstabsarzt[①]）布伦蒙萨特（Blumensaht）博士，来拜访他的舅舅，这时牧师提起了埃米尔·冯·贝林及其学医的愿望的话题。显然，雷伯兹牧师设法使布伦蒙萨特博士相信埃米尔有一个适合医学研究的聪明的大脑，而布伦蒙萨特博士正好有这方面的关系。感谢他的努力，贝林在 1874 年被弗里德里希·威廉学院接受，成为一名医学生。

---

　　① 高级别的军队外科医生。

埃米尔·冯·贝林（Emil von Behring, 1854—1917）
由瑞典斯德哥尔摩诺贝尔基金会提供

尽管贵人众多，但免疫学的发展真的是要感谢雷伯兹牧师和布伦蒙萨特博士。谢天谢地，他们的慧眼和关照使得埃米尔·冯·贝林最后没有成为德国农村的一名牧师。

军　医

在弗里德里希·威廉学院接受训练成为一名军医意味着要经历艰难的学习过程，但是这个过程不但可以开发智力，而且提供了接触医学研究的机会。这个学院和大学联系密切，年轻的军医可以被允许以助理身份在著名的研究实验室或临床上工作几年。贝林的学生时代似乎过得很愉快，毕业后他被任命为波森的一个骑兵团的助理医生。这似乎是科学生涯的一个很差的起点，但在军队服兵役的这 10 年间，他能够将一部分时间投入到自己的研究项目中去。

贝林对作为军医的职责很严肃。对他而言，从事伤口感染和治疗方面的工作是很自然的事情。在当时，人们越来越多地认识到传染病和局部感染都是由微生物引起的。因此，找到清洗厕所和污水坑的消毒剂是很重要的。贝林对发现不仅能用于治疗伤口，而且能用于治疗传染病的消毒剂的可能性极为感兴趣。那当然要求所研究的物质口服或注射时对人体相对无害。像石碳酸这样经典的消毒剂却远非如此。他开始研究最近被用来局部治疗创伤感染的碘伏，但他很快确信碘伏用于治疗像传染病这样的全身感染或血液中毒来说毒性太强。

这些早期的，就本身而言并没有什么重要性的碘伏研究，同时向我们显示了贝林基本的科学思考是如何形成的。即便是在这个早期阶段，他似乎已经产生了碘伏并不杀死细菌本身，而是以某种未知的方式防止细菌形成可能伤害机体的毒素的思想。了解他是如何产生这样的思想是一件很有趣的事。他越来越相信机体自身一定有通过某种方式破坏危险的细菌毒素而保持自身组织和器官不受影响的能力。这些特异性防御机制的思想似乎将会延伸出与免疫系统有关的原理。

在担任军医的服役期间，贝林在 1885 年通过了地区医疗官的考试，两

埃米尔·冯·贝林年轻时德照片

由作者提供

年后，他被任命为上尉医官（Stabsarzt[①]），这一定是一个使他感到非常骄傲的晋升。在 1893 年的一封信的信头，他称自己为上尉医官、教授贝林博士，这时他已经因为发现了抗体而出了名，却还将上尉医官的头衔排在第一个！这是他典型的做法，也让人有所触动。显然他的上司对他的科学能力很欣赏，1889 年任命他担任柏林大学卫生学系罗伯特·科赫的助手。这使得贝林能在一个独特的环境中发展他的天赋，并开始从事他已经在思考但还无法处理的问题。

抗　体

在美国，生理学家亨利·赛沃尔（Henry Sewall）在 19 世纪 80 年代已证明用剂量逐渐增加的响尾蛇毒素处理鸽子，会使鸽子产生相对大量的针对这种毒素的抵抗力。因抗结核疫苗而出名的法国细菌学家阿尔伯特·卡密特（Albert Calmette，1863—1933）证实了赛沃尔的结果，而且进一步证明抵抗力较高的鸽子的血液中含有一种能灭活响尾蛇毒素的因子。巴斯德的两位最出色的学生，埃米尔·鲁（Émile Roux，1853—1933）和亚历山大·耶尔森（Alexander Yersin）在 1888 年证明科赫的合作者弗里德里希·勒夫勒（Friedrich Loeffler）分离的白喉菌能形成一种有毒的物质，即毒素，是这种毒素导致了白喉在喉部和咽部及通过血液传播在心脏引起的严重的组织损伤；这些损伤经常导致病人死亡。不久后，丹麦的克努德·费伯（Knud Faber）发现能感染伤口，尤其是被泥土污染的伤口的破伤风细菌也能形成一种在血液中扩散并能攻击中枢神经系统的毒素。

科赫似乎对贝林按照他自己关于机体自身防御细菌和细菌毒素的想法开展研究工作给予了很大自由度。在当时，系里已经有结果表明血液有时能够杀死细菌并灭活细菌毒素。例如，贝林和其他研究者一起发现大鼠（似乎对炭疽感染有抵抗力的实验动物）的血清在试管里能杀死炭疽杆菌。他认为这是大鼠对炭疽有抵抗力的原因。对这种现象进一步的深究发现，这种作用具有物种特异性。其他对炭疽没有抵抗力的物种的血清在试管实验

---

① 带有上尉军衔的军队外科医生。

中不能杀死炭疽杆菌。大鼠血清对其他许多种测试的细菌也没有任何效力。换句话说，这不是所有血清的普遍杀菌能力的问题。

贝林与从 1885 年起就一直在系里表现得很活跃的日本细菌学家北里柴三郎（Shibasaburo Kitasato，1856—1931）合作，在 1889 年开始研究白喉和破伤风杆菌及它们的毒素。他试着用绝大部分动物感染后能够存活的剂量的白喉杆菌感染豚鼠来诱导免疫。贝林发现存活的豚鼠变得有免疫力了，也就是说，即使用根据经验得到的对未经免疫的动物致死量的细菌再次感染这些动物时，它们仍然能保持健康。在与北里一起所做的用这位日本科学家分离到的破伤风杆菌感染兔子的一系列实验中，也获得了同样的结果。

结果表明，对白喉和破伤风的抵抗力依赖于存在于免疫动物血清中的某种物质。最有趣的观察现象可能是这些免疫血清不能杀死或者抑制细菌本身的生长。但是它们可以中和细菌毒素。这些结果似乎以一种令人惊奇的方式证实了贝林很久以前关于一种杀菌剂的想法，这种杀菌剂是由机体自身产生的，能破坏细菌引起疾病的毒素。可以理解的是，多年来，细菌毒素在引起传染病方面起的作用一直是贝林思考如何预防和治疗这些疾病的核心。

科赫发现贝林和北里的结果很有趣而且很重要，但在仔细考虑到所有的细节之前不建议发表。直到 1890 年 12 月贝林和北里才在《德国医学周刊》（*Deutschen Medizinischen Wochenschrift*）上发表了一篇题为《动物体内针对白喉和破伤风的免疫的起源》的文章，尽管题目如此，但是这篇文章主要是关于破伤风免疫的。不久以后，以贝林为唯一作者的另一篇文章出现在同样的期刊上，题目是《动物体内针对白喉的免疫的起源》。基于这两篇文章，建立了一个以血清可溶成分为基础的全新的免疫学原理。正如贝林自己评价的那样：这个原理从当时还在细胞病理学中占主导地位的菲尔绍出发，一直到古老的希波克拉底思想的复兴。在 19 世纪 80 年代埃黎耶·梅契尼可夫带头推进的细胞免疫原理与以游离的循环抗体的形式出现的新的体液免疫发生了冲突。这个免疫的新概念可以说是一个轰动性的突破，不仅仅是因为它提供了一些治疗致死性疾病的可能性。

科赫的另一个合作者，保罗·埃尔利希在 1891 年已经发现蓖麻毒素和相思豆毒素能在小鼠体内导致抗体产生，因而使动物对这些毒素产生抵抗

北里柴三郎（**ShibasaburoKitasato, 1856—1931**）

由作者提供

力。他使用的免疫技术是在对小鼠一系列的注射中逐渐增加毒素的量。埃尔利希将这一过程称为主动免疫，他认为这与贝林和北里对白喉及破伤风免疫毒素的方法类似。他把通过给予含有动物抗体的血清而获得的免疫类型称为被动免疫。埃尔利希的结果强烈地支持贝林对抗体的发现，因而这两位科学家一直到最后都保持着朋友关系。埃尔利希还找到了测定血清中抗体水平的方法，这样抗体就能被标准化，这是对新的血清治疗做出的关键性的贡献。

血 清 治 疗

贝林很早就意识到他关于抗细菌抗体的发现用于治疗的可能性，现在这样的抗体被称为抗毒素。用免疫血清使病人获得被动免疫，以防止白喉和破伤风毒素造成的灾难性后果是有可能的。尤其对于白喉这种致死性的疾病来说，其每年仅在柏林就有几千例，大多数是儿童，死亡率是 30%～50%。因此，人类毫无疑问需要新的治疗方法，问题是如何使所有病人都获得免疫血清。对白喉的原始的实验工作是在豚鼠上做的，为了生产临床试验需要的血清量，必须用大量的体型大得多的动物。卫生系合适动物的供给完全是不够的。科赫能提供给贝林和他的忠实合作者弗里茨·韦尔尼克上尉医官的全部实验动物就是一只绵羊。通过一点一点地积攒，情况逐渐有所好转，但是合适动物的供应在很长时间里仍然是一个很难克服的瓶颈。当巴斯德研究所的鲁开始大规模地用免疫马的方法获得抗白喉毒素时，贝林立刻采用了这一方法，这是一步伟大的前进。

所有伟大的治疗突破都有一段传说，白喉血清也是这样。传说在 1891 年的圣诞夜，一个患了白喉的小女孩躺在著名的外科医生恩斯特·冯·伯格曼（Ernst Von Bergmann）教授的诊所里就要死了。她躺在外科手术诊所里的原因是做切开气管的手术（气管切开术），这是能防止这个孩子因咽喉的白喉膜而窒息的唯一治疗方法。这个女孩被认为活不过当夜，值班的护士回忆说冯·伯格曼教授提到在这种令人绝望的情况下应该去请某个上尉医官。消息传到了第二警卫团的营房。过了一会儿，一个身穿制服的高个子带来了回信。这个大家都不认识的上尉医官拿出一个装着黄色液体的试

埃米尔·冯·贝林（Emil von Behring）

由作者提供

管，将液体吸进了注射器，注入了女孩体内，然后他消失在夜色中。令每个人惊讶的是，小女孩在圣诞节的早晨恢复了健康。

不幸的是，这个适合登在任何一家圣诞节杂志的感人的故事很可能是虚构的，因为即便弗里茨·韦尔尼克就是这位不知名的上尉医官，按照贝林自己的说法，在当时也没有足够进行任何临床治疗的白喉血清。直到1893年初，临床治疗才成为可能。生产血清的最大困难在于贝林不可能饲养足够的大动物用以免疫。卫生系的预算不可能满足饲养和笼舍的成本。事实上贝林在1892年已经接触了普鲁士教育部的一位很有影响力的高官，弗里德里希·阿尔索夫（Frieddrich Althoff），他对这位年轻科学家印象很好，在之后一直给予他支持。但即便是阿尔索夫对解决这个问题也帮不上忙，普鲁士政府不准备支付这笔开支。

科赫和阿尔索夫建议贝林与德国的制药公司接触。当时贝林显然不同意申请药物专利（后来他在这方面的想法将会改变），经过了一番犹豫后，他在1892年与法兰克福的赫希斯特公司签署了一份合同。这样，他有了大规模生产血清的经费，特别是在他已经仔细研究过鲁提出的用分离的毒素免疫马的方法之后。另一个大的困难是获得能用可靠方法分析的含有高抗体水平的血清。即便是这个棘手的问题最后也得到了解决，主要是通过与保罗·埃尔利希的密切合作，当时埃尔利希已经成为一家控制血清生产的政府研究所的所长，而这家研究所是在弗里德里希·阿尔索夫的发起下于1895年成立的。

1893年德国的几家儿童诊所开始进行白喉抗毒素的临床试验，贝林给他们提供血清。开始时结果不能完全令人信服，主要是因为所用血清中的抗毒素抗体水平太低，而且差异很大，无法控制。当血清的质量提高后，治疗的效果也提高了。举个例子来说，科赫的合作者赫尔曼·考塞尔（Hermann Kossel）管理着附属于传染病研究所的病房，这个研究所是由科赫最近创建的。在这里，考塞尔进行了一系列仔细的临床研究。当给他提供了新的赫希斯特公司生产的高活性的血清后，他的结果好得让人诧异。这样的血清中的抗毒素水平比贝林最初使用的样本高出百倍。1894年5月，他报道了223名患白喉儿童的治疗结果。在家长发现孩子最早的症状后的两天内开始治疗时，97%的儿童存活了下来。如果血清治疗开始得较晚，治疗效果就会降低。当治疗拖延到发病5～6天后，死亡率大概与不进行血

弗里德里希·阿尔索夫（Frieddrich Althoff）

由作者提供

清治疗相同。在早期血清治疗的病例中气管切开术也大为减少。

抗体的发现及其临床应用是整个医学界的一个巨大的突破。以埃米尔·鲁为首的法国医学界更是引领了白喉抗毒素的生产和临床使用。到那时为止，实际上一些法国的爱国新闻记者认为这纯粹是法国的发现。贝林感到很难过。他对他认为是侵犯的行为和要求分享他的发现的行为非常敏感，这使他经常卷入到激烈的对抗体发现享有的优先权的冲突中。在这个特殊情形下，他不需要担心，因为鲁是一个完全诚实的人，他立即对实际情况做了解释，并把所有的荣誉给了贝林。这还不是全部，当鲁被授予荣誉军团骑士十字勋章时，他拒绝接受这个荣誉，除非他的德国同事也接受同样的勋章。结果，1895 年贝林被授予军官勋位国家荣誉军团勋章（Officier de l'Ordre National de la Légion D'Honneur）。

贝林工作的重要性在法国很早就被认识到，他与巴斯德去世后由埃米尔·杜克劳斯（Émile Duclaux）领导、1904 年后又由鲁领导的巴斯德研究所的关系一直是友好和亲密的。这其中还包括埃黎耶·梅契尼可夫，他1888 年已经离开政治动荡的俄国，在巴斯德研究所得到了一个职位，一直到他去世。人们可能会认为，当维护自己的科学观点时可能会显得咄咄逼人的贝林应该会觉得很难欣赏梅契尼可夫和他的细胞免疫，因为这个理论强调的是免疫学中与贝林的工作领域完全不同的方面。实际上，梅契尼可夫与贝林成为了很亲密的朋友，他们彼此之间有频繁的书信往来。这些信件中不仅有科学的智慧，而且有人间的温情，持续的时间比动荡的第一次世界大战还要长。

高活性白喉抗毒素血清的生产和临床试验占据了贝林全部的时间及精力，因此他无法对破伤风问题表现出同样的兴趣。另一个原因可能是他因对白喉的抗争而受到了全世界的敬仰。白喉与破伤风完全不是同一个病例数量级的临床问题，而且，白喉是主要影响儿童的疾病。在很多年里，贝林不断收到感恩戴德的父母写来的信，在信中他们用最感人的方式表达了对他为拯救他们病情危重的孩子所做的一切的感激。这是使贝林感到极大满足的一个原因。此外，他无疑认为白喉抗毒素完全是他自己的贡献，这可能使他倾向于把它放在优先的位置。而他发现破伤风抗毒素的荣誉却不得不和北里分享，即便后者在 1892 年已经回到了日本。

埃米尔·鲁（Émile Roux, 1853—1933）

由作者提供

在和平时期，破伤风与白喉相比是很少发生的疾病。另一方面，破伤风的死亡率为90%，而且在战争时期，当深度创伤被泥土污染，破伤风病例大幅增加。但是，当贝林和北里获得突破时，德国已经经历了很长一段和平时期，所以对破伤风抗毒素的需求非常低。开始时，贝林认为可能可以像治疗儿童白喉那样用抗血清治疗症状已经明显的破伤风，但是结果证明这对破伤风是不可能的。一旦破伤风的症状出现，即使是高剂量的抗血清也没有任何效果。因为破伤风症状一般在创伤后1～2周不会出现，所以一个显而易见的想法是在这个空白期给予破伤风抗毒素以防止疾病的发作。很奇怪的是，很长时间以后这种预防性的治疗方法才被常规使用，而且是先在兽医方面使用。即便如此，也是直到1895年一位兽医才报道用马这种最容易被破伤风感染的家畜的抗血清进行预防性治疗的良好结果。

尽管有在兽医上使用的例子，对破伤风抗毒素的需求还是很低，抗血清的生产由贝林自己在马尔堡的实验室中进行。自1895年起，他就是那里的卫生学教授。曾经生产过大量白喉抗毒素的赫希斯特公司不再对破伤风感兴趣了。直到第一次世界大战爆发，人们才对贝林的破伤风抗毒素重新感兴趣了。战争开始时，德国军队的破伤风抗毒素严重短缺，据估计大约0.5%的伤员会患破伤风。根据那慕尔一所战地医院的一份报告，在1914年9月11日到11月30日，在2193名伤员中有27例（1.2%）患了破伤风。在引入强制性的血清预防后，1195名伤员中没发生一例破伤风。毫无疑问，交战双方都使用了贝林的血清拯救了不计其数的受伤士兵的生命。1915年10月，贝林被授予了配着黑白绶带的二级铁十字勋章，这是有因可循的。如果人们认为拯救士兵的生命，而不仅仅是杀死他们是有价值的，那么这无疑是一个实至名归的荣誉。虽然德国军队在第一次世界大战期间颁发了大量的铁十字勋章，但是将它颁发给一个平民还是不寻常的，贝林似乎对获得这枚勋章感到很高兴。

针对白喉毒素的主动免疫

贝林对抗体的发现及其临床使用将白喉从一种令所有父母感到恐惧，并且夺走全世界无数儿童生命的疾病，转变成一种严重但可以治愈的疾病，而且如果血清治疗开始得足够早的话，预后相当好。但是，白喉抗毒素对白喉在人群中的流行（发病率）没有效果。这是被动免疫在疾病发作之后才开始发挥作用的问题。隔离病人、关闭学校、对发生白喉的场所进行消毒的尝试都不起作用。相反，发病率持续上升。在 1906 年，柏林有 2997 个病例，到 1911 年病例数已经升至 11 578 例了。

贝林当然很清楚，即便此病的预后前所未有地好转了，但发病率也仍在持续上升。起初他对尝试制作一种能够用于人类免疫的减毒毒素的想法产生过兴趣。在 1894 年他进行了大量的实验，但是未能获得令人满意的疫苗。他还试验了用甲醛处理毒素，这是一种很久以后将被用于灭活毒素但不干扰其免疫能力的方法。但是，贝林对结果不满意。似乎他无法使自己相信完全灭活的毒素能用于免疫。就在第一次世界大战的前几年，他又拾起了白喉毒素主动免疫的问题，这次他采用了通过免疫马匹来生产血清的另一种方法。

该方法的原理是使用毒素和抗毒素的混合物，其中大部分的毒素已经被中和了，但仍然有足够的毒素引起免疫。疫苗中曾用加入甲醛的方法来增加稳定性，我们现在怀疑这种使其无害但同时又有效的成分极为重要。贝林在 1913 年威斯巴登市的内科学会议上展示了他的疫苗，而在第二年就有了令人鼓舞的结果。正如所料，在 633 名接种的儿童中，仅有 2 名在当地的白喉流行中患病，而在邻近地区的未接种的儿童中，产生了相当多的病例。对毒素的主动免疫似乎在接种儿童中预防了疾病的暴发，在这些儿童的喉咙中也能找到白喉菌。这种免疫接种对白喉测试中显示阳性的儿童体内白喉杆菌的存在没有影响。

战争爆发后，贝林在马尔堡的实验室不得不集中力量生产破伤风抗毒素，而白喉疫苗的工作不得不放在第二位。但是军方最后意识到白喉的流行在军队里也是一个严重的问题，结果白喉疫苗重新引起了人们的兴趣。对白喉毒素的主动免疫是贝林最后一个伟大的科学贡献，之后，在战争期间他的健康逐渐恶化，不可能再做进一步的工作了。

荣誉和冲突

贝林无疑有着好斗的性格，他从不回避与他的对手的冲突，不论他的对手是多么出名、多么有影响力。他与罗伯特·科赫的关系很快就变坏了，到 1894 年时他们两人的关系已经相当紧张了。这主要是因为贝林想要的是某个大学的系主任而不是科赫的传染病研究所里的一个职位。与往常一样，他得到弗里德里希·阿尔索夫的强烈支持。阿尔索夫为了给他的这位门生谋得一个合适的卫生学教授职位进行了几次尝试。问题是他联系的院系都不太热情。在一定程度上，这可以解释为学术保守主义及对细菌学这门新学科普遍的负面态度。他们想要的只是一名经典卫生学的代表人物，而经典卫生学对科赫及其学派持敌对态度。对贝林的另一个反对意见是他的课程科学水平太高，不适合医学生。可能贝林好斗和难相处的名声也与他们的这种态度有关。

但是，阿尔索夫不是那么容易就放弃的。他是个很有能力的人，有他自己的办事方式。贝林已经是一名教授了，只是没有实际的职位——阿尔索夫已经了解了这个情况——但现在的问题是使他在大学里得到一个系主任职位。马尔堡大学有一个卫生学教授职位的空缺，在 1895 年，阿尔索夫成功地使贝林得到了任命，尽管教职员中有反对意见。这位新教授似乎因他的职位而感到很高兴，不管怎么样，他一直在那里直到生命结束。在他得到任命的第二年，他与埃尔莎·斯宾诺拉（Else Spinola）结了婚，她是柏林查理特大医院院长 18 岁的女儿。她丈夫成家立业得似乎有点晚了（这位丈夫和妻子的年龄差是 24 岁），但是一旦他开始养家，孩子的数量就迅速增加，最后，他有了 6 个儿子。在大儿子接受洗礼时，教父是埃米尔·鲁，而第五个儿子接受洗礼时，教父是埃黎耶·梅契尼可夫。这是贝林和巴斯德研究所的领袖人物之间关系好的一个很好的例证。

在那个世纪之交，贝林不仅在家庭生活上很成功，而且获得了很多荣誉。他获得了"最佳枢密院议员"（Wirklicher Geheimrat）的头衔。1901年，德国皇帝授予他骑士勋位，而皇帝本人也是他的崇拜者。在那年的年末，他被授予首届诺贝尔生理学或医学奖，这在我们眼中是最了不起的荣誉。同时，在这些年的成功中，他也卷入了许多冲突，它们共同的起因是他无休无止地试图寻找结核的特异性治疗方法。

在 19 世纪 90 年代初，科赫被公认为是结核研究的领军人物。他的结核菌素似乎是对早期结核的一种有效治疗方法。开始时每个人都很乐观，当然除了他的老对手菲尔绍。但是，批评的声音越来越大，并且在两年内产生了极大的影响。1895 年贝林出席了在吕贝克召开的内科医生和自然科学家会议，在会上他热情地为他的老师辩护。同时，他展开了关于结核菌素通过与白喉及破伤风毒素同样的方式引起一种抗毒素的形成而起作用的论题。结核及其他一些可能的严重传染病的致病方式与白喉相同，成功治疗的原理应该也是相同的。一定有一种结核毒素需要被分离出来，这样就能生产针对它的抗毒素。人们可能会认为这是一个没有实验支持的大胆理论，但是对贝林来说却是一条自然而然的思路。毕竟，他打开了免疫学的一个全新的领域，推广他的伟大发现当然是件有吸引力的事情。

在许多年间，贝林试图寻找可能用于免疫并生产预计能治疗这种疾病的抗毒素的努力都是徒劳的。有几次他相信自己接近了目标，但最后还得被迫承认失败了。在他发表的一篇论文里，他概括了 1895~1900 年的结果，他以无可奈何的语气下结论道：我不得不放弃得到有治疗作用的所有抗毒素的这个希望。这并不意味着贝林在 1907~1910 年长期患病之前持续进行的结核研究本来就该没有结果，即便连主要的目标也没能达到。不幸的是，还有意料之外的以科学冲突的形式表现出来的后果。其中最为人所熟知的是他与罗伯特·科赫之间的尖锐冲突。

在寻找有可能用于免疫的结核毒素的过程中，贝林和他的同事得到了一些在科赫看来很接近自己的结核菌素的样品。因此，1897 年他递交了结核菌素的专利申请，这促使和贝林关系密切的赫希斯特公司与科赫争夺专利权。接下来的长期的专利诉讼以科赫的完全失败而告终。当他和贝林的兴趣在兽医领域发生碰撞时，他们的关系并没有得到改善：他们都试图找到通过免疫牛对抗结核的方法。如果能成功的话，这将对养牛业有重要的经济价值，而最重要的是，他们希望找到治疗和预防人类结核的新方法。

我们已经看到贝林在世纪之交被迫意识到他不得不放弃结核菌素的想法。于是他尝试从结核菌中获得能用于免疫牛的制剂来对抗结核菌本身，而使得牛对结核产生抵抗力。贝林将此视为与琴纳对天花病毒的免疫相对应的方法，实际上，他用"琴纳化"来命名这种方法。贝林实验室经过大量的努力，从结核菌中获得了至少 9 种不同的制剂，打算用于疫苗的测试。这当然意味着所有这些制剂都必须在家畜身上做系统性的实验，而这样做有相当大的实际困难。愤愤不平的贝林相信科赫试图用自己的影响通过他在兽医中的幕僚来阻碍他的研究。贝林对牛进行的针对结核的免疫的努力在当时已经受到了非常不同的评判。人们也许可以这样概括他的结核研究：其最大的重要性在于其副产品。

　　贝林和科赫对于牛结核的观点有显著的差异。科赫本来相信人结核和牛结核是由同样的细菌引起的，但最后他意识到这是两种不同的细菌。他后来也相信，出于实践的目的，不需要考虑牛结核传播到人的可能性。相反，他强调人的痰液在传播感染中的重要性。另一方面，贝林（错误地）相信同样的细菌造成了所有的牛结核，他还相信感染能从牛传播到人，而且就儿童而言，牛奶是最重要的感染源之一。这些想法有一定的道理。但他又坚持认为，尽管结核最早是在成年人中观察到的，而且在肠道中找不到，但它原本是以奶为媒介导致的感染，在婴儿期就已经发生了。说得委婉一点，这是一个大胆的推论。

　　很明显，必须要找到消毒牛奶的方法来消除这一危险的感染源。贝林的一个大问题是他不能接受牛奶的巴氏消毒法（加热到一定的温度），因为他认为这一过程会破坏保护婴儿免受肠道感染的免疫抗体。他尝试了许多杀菌物质，如甲醛、甲酸和过氧化氢，但结果都被认为是没有可行性的。尽管如此，贝林对我们认识结核做出了重要的贡献，其中一个贡献是他顶住科赫的权威，强调牛结核和牛奶是人结核的来源。如果他生产有用的疫苗的抱负一直没有成功的话，那当然也不是因为他工作不投入或者努力不够。更何况，必须记住，这是一个至今也没有被圆满解决的问题。

苦 恼 的 人

　　在 19 世纪和 20 世纪的世纪之交，绅士们在摆姿势照相时几乎没有人试图展露高兴和悠闲的表情。男人理想的形象绝对不是献殷勤和微笑，而是刻板、严肃和庄重。但是，贝林的照片，即便是年轻时的照片里都有一些特别之处。他看上去如此倔强，可能是为抱负而苦恼，尽管他取得了伟大的成功，但看上去在他的生活里却从未经历过真正的快乐。看看他伟大的老师和以后的敌人罗伯特·科赫的照片，就能发现完全不同的个性。科赫看上去是个冷淡而一本正经的人，但也给人内心坚强和自信、从未怀疑过自己能力的印象。他也的确被卷入了科学冲突，但与贝林不同的是，他有着稳定、冷静而自立的内心。他给人的整体印象与那个苦恼的人完全不同。

在 1891~1892 年，贝林有一段他在给他学生时代的老朋友的信中所称的过度工作的时期，但给人的感觉是他因困扰而产生了抑郁。有一次，他独自坐在柏林的一家饭馆里，点了一瓶酒，此时的心情就像得了抑郁症的温斯顿·丘吉尔曾经描述过的"一条黑狗"。传染病研究所的一位助理大胆上前礼貌地问这位当时的上尉医官能否允许他坐下来和他一起喝一杯。贝林甚至连头都没有抬，只回答了一个字："不！"对于这位可怜的助理来说，这显然是一次令人心碎的经历，直到他年纪很大的时候还清楚地记得这一幕。

1907 年，贝林以自己的名义在《柏林日报》上写了一篇文章，否认法国报刊《费加罗报》匿名报道他已经因为抑郁症住进了疗养院。后来有人甚至说他去了精神病诊所。贝林感到非常难过，将此视为他的科学对手对他的攻击。同年的 11 月，他去看了慕尼黑的冯·郝思林施（von Hoesslinsch）医生，并且因为深度抑郁和并发的深度足痛住进了他的诊所。他的疼痛找不到生理上的解释，他在诊所住院期间精神状况也没有改善。他有几次下决心终止这些似乎毫无意义的治疗，但最后还是留在了慕尼黑。直到 1910 年他的状况才缓慢地好转，8 月他已经能够回汉堡了。

在试图研制出可行的抗结核疫苗的过程中，贝林对工作达到了狂热的地步，而且也将他的合作者的工作强度推到极致。当他越来越清楚地认识到他的伟大项目不可能实现的时候，他就生病了。他再也不会是那个消除结核的人了，而这是他从 18 世纪 90 年代中期开始就一直梦想实现的目标，也正是导致他与罗伯特·科赫发生令人心碎的冲突的原因。贝林因为他的科学对手的敌意而感受到的痛苦可能要比情绪稳定的科赫大得多。因此，将他在 1907 年的处境与其后长时间的抑郁及工作能力的丧失联系起来似乎是合情合理的。

贝林是一个很复杂的人，他自身有很大的问题，有时他与他的合作者及同事之间的关系也存在很大的问题。即使如此，他还是有获得友谊的天赋的。他与保罗·埃尔利希的关系很密切，从他们第一次在科赫的实验室里认识，一直到埃尔利希英年早逝之前都是这样，即便有时他们的友谊因为贝林对埃尔利希要求过多而遭到破坏。这造成了他们之间的问题和冲突，尤其是涉及贝林的许多实验性的结核疫苗的大量测试工作。不管怎么样，他们的友谊持续了下来。1915 年在埃尔利希的葬礼上,虽然贝林自己身体不太好,但他仍做了一次极为动人的演讲,不仅强调了逝者在医学科学上的独特地位,而且强调了他在贝林自己生活中所起的重要作用。另一个体现贝林对友谊的天赋的例子当然是他与巴斯德研究所,尤其是与埃米尔·鲁及埃黎耶·梅契尼可夫的密切关系。埃尔利希的死及他很难与法国朋友维持亲密关系使得贝林在战争年代过得更加艰难。另外,他的健康状况也是每况愈下。

1913 年 8 月,贝林遇到事故,导致股骨骨折。根据当时的手术原则,他接受了牵引治疗,过了一个月才离开医院回家。骨折比原来估计的要严重得多,不仅没有愈合,还形成了假关节,使他不能行走,而且伴有剧烈疼痛。1916 年 9 月,因为出现了脓肿,贝林不得不接受了手术,此后他卧床不起,再也没有恢复。在他 1917 年 3 月去世之前,一直由年轻的外科医生乔治·马格努斯(Georg Magnus)照看,在贝林生命的最后几个月,他们变得很亲密。为了使他的病人高兴,马格努斯和他下棋,尽管贝林经常疼得很厉害,但他总是那位技高一筹的棋手,他总会冷静地计算着棋路。他们进行了长时间多方面的交流,主要是关于文学和哲学,但很少涉及医学。有时,这些谈话变得很热烈,贝林会借此宣泄他悲观主义的情绪,而马格努斯尽其所能地反驳,但多数情况下并不成功。他得到的印象是,贝林不赞同使德国与奥地利在第一次世界大战中结成同盟的政策。相反,似乎贝林在内心里相信战争会以中央政权的惨败而告终。

当马格努斯好心好意带着崇敬的心情谈论他这位大名鼎鼎的病人的伟大医学成就,试图以此使他高兴起来时,贝林敷衍地反驳道,在人步入老年后(贝林当时 63 岁),不管他一生的工作如何出色,都不应该将其当作资本来提及;那已经是很久以前的事情了。有一次,马格努斯觉得自己由于贝林悲观主义的嘲讽而非常困扰,因而试着用浮士德的一句众所周知的话来为自己辩护:一直孜孜不倦地努力的人才能得到救赎。贝林听了这句话后陷入了深思,沉默了很长一段时间后,他痛苦而真诚地说道:我认为我已经这样做了。似乎他最后终于认可了自己人生的意义。

保罗·埃尔利希

　　大科学家并不总是和善而有魅力的，有时他们很难相处，甚至会令他们周围的人感到不快。罗伯特·科赫和埃米尔·冯·贝林可能就是这样的例子。具有讽刺意味的是，他们共同的朋友，即与他们两人关系都很密切的人，居然会在各个方面都不像他们。虽然他们好斗、容易冒犯人，总是把彼此当成科学对手，但是保罗·埃尔利希则会为别人着想、性情温顺，甚至有点唯命是从。如果说科赫和贝林的性格里都有强硬、让人有距离感、使人害怕及疏远的一面，那么埃尔利希却富有魅力和幽默感，是一位和蔼可亲的人，人们会自然而然地喜欢他。他有着孩子一般的性情。同时，他是生物医学史上真正伟大的人物之一，他的研究既有宽度，又富有想象力。在 1915 年为埃尔利希所写的悼文中，罗伯特·穆尔爵士（Sir Robert Muir）简洁地概括了他的看法："埃尔利希必须和最伟大的人齐名，不管这样的人有多么少。"大多数科学家都会同意这一看法。

一个喜爱颜色的人

　　1854 年 3 月 14 日，保罗·埃尔利希（Paul Ehrlich）出生在离布勒斯劳不远的斯德荷乐小镇上。他的犹太家庭从 18 世纪开始就居住在这里。他们家的玉米生意经营得很成功，到了保罗祖父那一辈，已经拥有了一间杂货店和一家酿酒厂。保罗生长在家境富足的环境下，他有一位好心而温和的父亲，伊斯马尔（Ismar），以及一位精力充沛并有生意头脑的母亲，罗莎，娘家姓威格特（Rosa née Weigert），她是一家之主。像父亲一样，年轻的保罗是一个害羞、温顺，又有点书呆子气的孩子，他喜欢把时间花在阅读他祖父大量的藏书上，而不是参加他的同学们的户外活动，所以经常成为同学们蔑视和嘲讽的对象。正如所料，他是个勤奋的学生，尤其是数学和自然科学学得很好。他祖父酿酒厂里的化学仪器显然给这个孩子留下了不可磨灭的印象，这个经历可能给他一生对化学的兴趣奠定了基础。在学校和后来长大后，他要用德语表达自己的意思都很困难，无论是口头还是书面。他的英语和法语讲起来更是十足的"土味"，这在日后一直影响着他，即便他成为世界著名科学家后，不得不在国际听众面前讲解自己的结果，也是如此。

保罗·埃尔利希（Paul Ehrlich, 1854—1915）
由瑞典斯德哥尔摩诺贝尔基金会提供

保罗·埃尔利希的学生年代正是 19 世纪下半叶有机化学爆炸式发展的时候，大量的染料被合成出来，成为德国化学工业的基础。除了引起妇女着装的革命，这些染料也被证明在细胞和组织染色上很有用，埃尔利希就是在这一点上做出了他第一个重要的科学贡献。从学生时代起，他就迷上了染料，以及将它们用于医学研究的可能性。他受到了他母亲的表弟卡尔·威格特（Carl Weigert，1845—1904）的鼓励。卡尔比他只大九岁，但已经走上了成为一名杰出的病理学家的道路。在假期里，保罗在斯德荷乐用苯胺染料进行实验，他将这种染料混入他母亲家养的白鸽的饲料中。他的想法是鸽子吃了带染料的饲料会变成美丽的蓝色，但这个实验最明显的结果是鸽子死了。期望的结果，在这里是颜色改变，但却出现了不想要的副作用。早年的经历给年轻的埃尔利希带来了深刻的影响，而且说明了化学治疗的一个核心问题。化学治疗将是他花费生命中一大部分时间去发展的领域。

像很多其他年轻人一样，保罗·埃尔利希发现选择从事什么样的事业是很困难的。从文理高中毕业后，他在布勒斯劳大学花了一个学期系统地学习自然科学。他的家庭很担心他的未来。他为什么不能成为一名医生呢？那样他至少会有一个收入稳定的未来。埃尔利希对医学研究有很强的倾向，但实际从医对他没有吸引力。即使不能说他胆小，他敏感的性格也使得他不愿目睹病人的痛苦。可能他也不愿给病人施加治疗的疼痛。最后，他的家庭在卡尔·威格特的强烈支持下，设法说服了他。在学医的过程中，他先在斯特拉斯堡通过了预科考试，然后在布勒斯劳，他对染料及其医学用途越来越着迷。卡尔·威格特在这个领域已经有一席之地，他成为对组织切片进行染色，用于显微镜检查的病理学先驱。通过他，埃尔利希与植物学家费迪南·科恩（Ferdinand Cohn）及杰出的病理学家尤利乌斯·科恩海姆有了联系。他们两人在布勒斯劳都很活跃。在科恩的实验室，埃尔利希第一次遇到了罗伯特·科赫。当时科赫乘着马车从他在沃尔斯太因的遥远的诊所来展示他炭疽研究的结果。

埃尔利希 1877 年通过了他的医学博士学位考试，次年他在布勒斯劳完成了一篇论文，题目是《对组织学染色理论和实践的一些贡献》。在他的论文里，他报告了一种直到那时还未知的细胞，他将其称为肥大细胞。这种细胞围绕着血管，含有能被碱性染料染色的颗粒。这种肥大细胞的发现本身当然很有趣，而它也印证了将成为埃尔利希研究的中心的思路。他的推理是，一种物质，如染料的生物效应依赖于这种物质与细胞和组织中的不同结构的亲和力。这种化学亲和力是特异性的，因而必然有可能通过系统测试选择适合作为药物的物质，这些药物有确定的生物效应，而没有不希望有的不良反应。例如，在有机化学实验室生产的数目似乎无穷无尽的化合物中，一定有一些能杀死或抑制某种细菌，但对人体器官无害。

埃尔利希发现肥大细胞及其他染色细胞和组织的新方法使他在国际上出了名。柏林著名的查理特医院的医学临床二科主任，弗里德里希·冯·弗雷里希斯（Friedrich von Frerichs）教授给这位年轻的医生提供了一个临床职位，这个职位有极好的机会做研究。弗雷里希斯给了他这位新主治医生选择自己研究路线的完全自由，这符合这位教授首要的原则之一："科学像一只鸟，只有自由时才会歌唱。"在这里，埃尔利希度过了快乐的几年，他改进了他的染色方法，对血液学做出了重要的贡献。在此期间，他和海德薇格·皮库司（Hedwig Pinkus）结了婚。她是一位富有的纺织厂主的女儿，比她的丈夫年轻十岁。他们幸福的婚姻因为两个女儿的降生而锦上添花。他对这两个女儿十分钟爱。

1885 年，埃尔利希发表了他的动物器官摄取氧气的研究结果。通过活器官和组织的染色（活体染色），他能够证明它们摄取氧气的能力有显著的不同，其中，各种神经组织的摄取量最高。这些结果引起了人们很大的兴趣，两年后他因为他的发现而获得了一个很有声望的奖项。尽管如此，1885 年对埃尔利希来说是不幸的一年。他的教授和热忱的资助人，弗里德里希·冯·弗雷里希斯突然去世了，而新的科主任，卡尔·格哈特（Karl Gerhardt）是一位属于较为传统类型的临床医生。他根本不打算给予埃尔利希在弗雷里希斯手下时优越的职位，而这样的职位是他成功的研究的前提。埃尔利希发现他在临床上的职位变得越来越不令人满意，而且这可能损害了他的健康。他患上了长期的咳嗽，这并不奇怪，因为埃尔利希嘴里总是含着雪茄。不管怎样，他为了他的健康而忧心忡忡，而且在 1888 年，他确信在自己的痰中检测到结核杆菌。埃尔利希突然从查理特医院离职，和他的妻子一起去了埃及，希望干燥的沙漠气候能治愈他的结核。一年后，他回到柏林，结核病明显治好了，但是没有了能让他继续他被中断了的研究的职位。

血清研究所

　　唯一剩下的方法是自己成为一名私人研究者。幸运的是，埃尔利希的岳父慷慨地提供了所需要的钱财。在离他的私人住所不远处，他租了两间简陋的屋子，建起了他的实验室。这对他来说是一个新的开始，因为他开始了全新的研究线路。他现在开始了他的植物毒素——蓖麻毒素和相思豆毒素，以及它们在小鼠体内引起抗体形成的能力的研究。他定义了主动免疫和被动免疫的概念而且揭示了抗体可以通过母乳传递。这项研究自然导致与埃米尔·冯·贝林的合作。在这两位彼此各个方面都如此不同的科学家之间，将会产生维持一生的亲密友谊。

　　埃尔利希设计的测定血清中抗体水平的方法，以及生产高度有活性的注射用混合白喉抗毒素的方法，是贝林的抗白喉血清治疗能够成功的不可或缺的组成部分（见埃米尔·冯·贝林的章节）。当埃尔利希 1897 年发表他的方法时，他在论文中以附录的形式介绍了一个关于抗体如何形成的理论——他的著名的侧链学说。他假设有能力形成抗体的细胞在表面有受体，以侧链的形式存在，能够与对机体来说是外来的物质（抗原）结合，如果这样的物质接触细胞表面的话。这种结合是以抗原和受体之间有化学亲和力为前提的，换句话说，这是埃尔利希关于化学特异性是生物功能基础的基本思想的一个例子。当受体结合抗原后，细胞受到刺激形成大量释放到血液中的新的受体，这就是对所研究的抗原具有特异性的游离的循环抗体。

　　人们对埃尔利希的侧链学说有极大的兴趣，但也有人批评这个理论太"化学"，而且只是个空想。这个由著名的瑞典化学家斯凡特·列伦纽斯（Svante Arrhenius）提出的批评是针对埃尔利希倾向于发展过度简单的模型，例如，他假设毒素和抗毒素的相互作用导致稳定的化学键的形成，阿伦纽斯则坚持这种结合相对不稳定，容易解离。不可否认，埃尔利希在免疫学中引入了许多更像是假说的新概念。尽管这个批评（至少在一定程度上）很有根据，但是无疑当我们今天审视他整个是推想出来的侧链学说时（当它被提出时，没有真正的实验支持），就能发现它在很多方面预言了我们关于抗体如何形成的现代看法的基本概念。

　　自从埃尔利希 1882 年帮助改进了结核杆菌的染色方法，他和科赫一直保持着联系。当他相信自己感染了结核后，他有可能在自己身上试验了结核菌素。无疑，他相信结核菌素的治疗效果。在 1890～1891 年的一段时间里，当进行结核菌素临床试验的时候，他本人就在莫阿比特医院工作。那时对结核菌素的治疗应用的猛烈批评甚嚣尘上，而埃尔利希却是最坚定的支持者之一。在后来的几年里，他变得较为小心谨慎，认为科赫过早地尝试将结核菌素用于治疗这一疾病。总体而言，19 世纪 90 年代是一个对医学预防和治疗的进步有着天真的乐观的一个时期。因此，1892 年著名的德国哲学家爱德华·冯·哈特曼（Eduard von Hartmann）在给埃米尔·冯·贝林的一封信中写道："当所有的疾病都被消除后，人类还会经历什么？"这不是我们今天会担忧的问题。但是，在 20 世纪的第一个 10 年间，有一点变得越来越明显，那就是主动免疫（疫苗接种）和贝林的血清治疗都不像一开始人们相信的那样是灵丹妙药。相反，有报道指出，当血清治疗反复进行时，会出现过敏性休克。

　　当科赫在 1891 年成立传染病研究所时，他给了埃尔利希一个实验室。埃尔利希不拿报酬在那里工作了 3 年。他在柏林大学有教授身份的事实对他的经济状况没有帮助，因为那是一个没有报酬的职位。我们要感谢他慷慨的岳父，因为有他，埃尔利希才能在这些年里继续他的研究而没有遇到真正的经济困难。鉴于他作为科学家在国际上与日俱增的声誉，埃尔利希的处境对普鲁士政府来说总是令人尴尬的。至少这是弗里德里希·阿尔索夫（Friedrich Althoff）的看法。阿尔索夫是普鲁士教育部的中心人物，是他实际上做出了政府支持医学研究的决定。他已经帮助贝林在马尔堡获得了职位，现在他要出面保证埃尔利希合理的工作条件。

　　在阿尔索夫的建议下，在科赫的研究所成立了一个控制抗毒素生产的特殊研究单元，保罗·埃尔利希被任命为负责人，这个研究单元后来被命名为血清学研究和测试研究所。很快它被搬到施特格利兹的新址，在柏林的郊区。房屋的结构极其简单，连基本的房间都谈不上。因为埃尔利希性格很谦虚，所以他还是对他的新研究所很满意。他测定抗体活性及详尽阐述他免疫原理理论的基本工作都是在这里进行的。但是阿尔索夫觉得埃尔利希应该得到更大的鼓励和设备更好的实验室。1897 年，阿尔索夫关照将他的这位门生任命为枢密医官（Geheimer Medizinalrat）。在与法兰克福市长商谈后，普鲁士帝国实验治疗研究所在 1899 年成立了，埃尔利希任所长，一直到他去世。当他在柏林血清研究所当所长时，他与贝林的合作有时会导致冲突，因为埃尔利希认为贝林的要求太多，这并非没有道理。但是，他们长久以来的友谊经受住了这个考验。然而，埃米尔·冯·贝林还是公开拒绝参加法兰克福新研究所的开幕式，这是他典型的以自我为中心的表现。这其中的原因是，研究所的名字给了贝林暗示：埃尔利希现在试图从与他的密切合作中解脱出来。

化学治疗的出现

用化学来解释人体器官的功能及其疾病的思想可以一直追溯到巴拉塞尔士（Paracelsus， 1493—1541），他相信化学的"主角"硫、水银和盐及其相互平衡对个体的健康非常重要。他还假定上帝自己通过一些诸如花的颜色和形状等特征，指示了一些药物的存在。巴拉塞尔士还将一些无机化学物质如重金属及其盐引入药物中使用，使他的病人受益。因此通过检查化学家的各种化合物中的砷来寻找合适的药物的思想并不是什么新事物。使得埃尔利希不同于他的前辈们而且如此成功的是他从事工作时的系统和批判的方式。

选择法兰克福作为成立新研究所的地址当然不是随随便便的。在这里，实验室靠近一个繁荣的工业区，这里将成为埃尔利希研究的重要基础，而且工业还为研究提供了经济支持。弗兰齐丝卡·施派尔（Franziska Speyer），一位富有的银行家的遗孀，在 1906 年捐助了大量的金钱来建立一个以保罗·埃尔利希为所长的化学治疗研究所，以此来纪念她去世的丈夫乔治·施派尔（Georg Speyer）。在这个被称为乔治-施派尔-豪斯（Georg-Speyer-Haus）研究所的开幕式上，埃尔利希发表了演说，他承诺现在化学家能够合成出只对侵袭患病器官的寄生虫有效应的化合物。这些合成的药物是能够自动找到它们的靶标而不造成有害的不良反应的灵丹妙药。这个承诺听起来似乎是那个时期乐观主义的典型表现，而且有运用华丽的修辞的倾向。尽管如此，他的话在一定程度上将被证明是正确的预言。

1904 年，埃尔利希和他的日本合作者志贺洁（Kiyoshi Shiga）发现感

巴拉塞尔士（Paracelsus, 1493—1541）

由瑞典斯德哥尔摩邦尼尔集团提供

染锥虫的小鼠能用台盼红成功治愈。当锥虫变得对台盼红有抗性时，又证明它们对一种含砷化合物阿托西敏感。科赫在远征非洲时曾用它治疗昏睡病。问题是阿托西有时会引起失明。当埃尔利希和他的合作者成功地确定了此化合物的正确结构（对氨苯基胂酸）之后，他们开始系统地合成数百种阿托西的衍生物，希望增强它对锥虫的疗效并降低它的毒性。这是埃尔利希有治疗价值的物质的典型的方法学途径。最终这些努力带来了治疗梅毒这一可怕的性传播疾病的第一个重大的突破。

自法兰卡斯特罗时期以来，人们用含水银的药剂治疗梅毒没有获得什么成功，这样的治疗带给病人比疾病本身更多的痛苦。即便 20 世纪早期的治疗不比文艺复兴时期的好，但是在理解梅毒病因方面取得了决定性的进展。德国动物学家弗里兹·绍丁（Fritz Schaudinn, 1871—1906）曾专注于研究原生动物及其作为寄生虫在引起人类疾病中的重要性。这使得他去从事寻找医学和原生动物学之间更多的联系的工作。当 1901 年绍丁成为位于达尔马提亚海岸的德国-澳大利亚实验室的主任时，他在疟疾和热带阿米巴痢疾方面做了重要的研究。绍丁 1904 年被任命为德意志帝国卫生部原生动物学研究所的所长，他在那里开始了梅毒研究。原因是他对文献中宣称的一种引起猩红热、天花、口蹄疫和梅毒的假设的微生物产生了极大的兴趣。这个吸引人的理论对于解开当时对梅毒病因的困惑有很大的帮助。

绍丁在新鲜梅毒皮肤病损中找到一种灰色的、螺旋形的杆状物。他将这种新的微生物称为苍白螺旋体 [*Spirochaeta pallida*，现在被重新命名为苍白密螺旋体（*Treponema pallidum*）或绍丁菌（*Schaudinn's bacterium*）]。另一方面，类似的螺旋菌也能在非梅毒性质的损伤中发现，所以当 1905 年绍丁报道他的发现时，他很谨慎，没有宣称梅毒是由苍白螺旋体引起的。但是，几个月后当他发现这种螺旋菌存在于梅毒淋巴结时，他就能够坚持自己尝试性的结论了。尽管如此，当他向柏林一流的医生展示他的发现时，他们大多不相信。但是，其他国家独立的研究很快证实了他的结果。不幸的是，绍丁不久后死于脓毒病。

系统性地研究大量可能作为一种疾病的药物的化合物的前提是有能用来测试的合适的动物模型。因此，1903 年巴斯德研究所的埃米尔·鲁（Émile Roux）和埃黎耶·梅契尼可夫（Elie Metchnikoff）能使猴子感染上梅毒，这是尝试找到治疗梅毒方法向前迈进的一大步。埃尔利希也开始在他的研究中用猴子寻找不仅能有效对抗像人类昏睡病那样的锥虫病，而且有希望用来治疗梅毒的阿托西衍生物。但是，在这样的实验中使用猴子的成本是高昂的。当秦佐八郎（Sahachiro Hata）1909 年从日本而来，与埃尔利希一起从事螺旋体诱导的疾病工作时，秦佐八郎开始用大鼠和小鼠研究回归热、用兔子研究梅毒。

八郎用东方人特有的耐性坚持测试了实验室多年来研究锥虫的所有化合物，但是实验动物身上都有耐药性了。渐渐地他合成了一种与阿托西差异比较大的衍生物——二羟基-二氨基-偶砷苯，其在盐酸中形成可溶性的盐，被命名为 606。八郎测试了这一化合物，发现它在动物实验中耐受良好，不但在大鼠和小鼠中可以治疗回归热，而且在兔子中可以治疗梅毒。

开始时，埃尔利希对 606 的态度有点谨慎。他见过太多似乎很有希望的化合物最后因为治疗效果不够或者因为令人不快的副作用而被放弃。但是，606 制剂似乎真的很有希望，当他看到动物实验的治疗实验及大量毒性实验的结果时，他变得越来越乐观。对 606 的需要是如此巨大，以至于赫希斯特公司不得不长时间工作来为埃尔利希提供只差最后一步的合成产物。合成的最后一步是在埃尔利希自己的实验室中完成的，这一步非常困难，因为必须在厌氧（无氧）的条件下进行。最终产物 606 本身对氧化非常敏感，氧化能产生有毒产物，因此必须保存在真空密闭的玻璃安瓿里。

为进行 606 的临床试验，乔治-施派尔-豪斯研究所生产了共 65 000 剂药物，免费提供给选定数目的埃尔利希信任的医生。他一直在担心这种敏感的化合物会被怎样存储，而如果可以免费获得的话，这种药物会不会以不正确的途径给予病人。至少有一次，他的担心被证明是有根据的。即使不能说是令人狂喜的，参加临床试验的医生的报告总体上也是阳性的。但是有一个例外，在布拉格皮肤病学诊所观察到注射 606 后发生了严重的包括肾和神经系统的并发症。直到埃尔利希证明在那次试验中，在将安瓿中的内容物给病人注射前，安瓿曾被打开，然后又密封上，他才满意。这种做法与他对 606 应该如何使用的指导相违背，在埃尔利希看来，这次出现这些并发症有显而易见的解释。他可能是非常正确的，无论如何，这件事说明他对 606 临床试验的跟踪是非常彻底的。总之，1909/1910 年试验的第一年，在回归热和新发梅毒方面的结果非常好，但是对长期梅毒，如瘫痪的病例并不令人鼓舞。总的来说，埃尔利希和赫希斯特公司的负责人决定将 606 制剂重新命名为洒尔佛散（或译为砷凡纳明，salvarsan，大致的意思是"治病的砷"）。

洒尔佛散——成功和困扰

埃尔利希可能满以为一旦完成了这些突破性的工作，他最后就能将洒尔佛散的生产和临床试验委托给别人，这样他就能将他的时间投入到新的项目中去。但是，这被证明是一个天真的愿望。治疗的极大成功和全世界对这种新药大量的需求，使得他余生成为洒尔佛散的囚徒。当然，埃尔利希绝非对他现在作为罗伯特·科赫去世后微生物学领域最伟大的活着的人物而享有的名望无动于衷。甚至是他的老朋友（有时是对手）埃米尔·冯·贝林这位在生物医学领域唯一能对他的杰出才能提出质疑的人，也向他表示致敬，而且似乎忘记了他曾经试图劝说埃尔利希放弃发展化学治疗。在 1910 年夏天写给贝林的一封热情的长信中，埃尔利希对他的祝贺表示感谢，并且谴责了妨碍贝林自己研究工作的长期的疾病。很明显，在经过一段较为冷淡的关系后，他与贝林复活的友谊给了他极大的快乐。但不可避免的是，在一片赞誉声中也有不和谐的声音。

虽然众所周知，新闻媒体的赞美是没有上限的（一家报纸宣称埃尔利希和耶稣基督都是犹太人民最伟大的人物），他的一些医学同事却表现得相当克制。他们指出洒尔佛散治疗的一些副作用，甚至坚持古老的水银才会是最好的治疗方法。其他人则抱怨没被允许参加洒尔佛散的临床试验。很多情况下，批评是来自职业上的嫉妒，而有时又带有在这个时期被隐藏，而几十年后在纳粹统治下的一场可怕的大屠杀中发展到高潮的反犹太主义的色彩。皮肤病和梅毒专家及警医朱瑞（Dreuw）尤其毫不留情地指责埃尔利希忽视洒尔佛散试验的毒性，而且在报纸上进行广告宣传。这些不公平和错误的指责使得埃尔利希及他的追随者非常难过。埃尔利希的一个亲戚甚至成功地使这个恶人丢掉了警医的职位。这样做并没有使这个警医对埃尔利希和他的洒尔佛散产生好感。

1914 年春天，发生了一个怪诞的插曲，导致了所谓的洒尔佛散行动。在法兰克福一直住着一个古怪却无伤大雅的人，名叫卡尔·卫仕曼（Karl Wassmann），他习惯于穿着修道士的服装，在城里沿街兜售一种他自己制作的杂志。他的杂志有各种不同的名字，如"真理""爱情"或者"自由精神"。在他的杂志里有宣扬自然疗法的内容，但当时突然断言在法兰克福医院，在赫克斯海默教授的指导下，患病的妓女被迫违背意愿经受着痛苦而危险的洒尔佛散治疗，这已经导致了她们无法治愈的创伤。卫仕曼称这样做是出于研究的目的，也是为了增加洒尔佛散的销售量，以及赫希斯特公司和埃尔利希本人的利润。

没有人注意卫仕曼的话，除了赫克斯海默教授，他显得极为难过。在一位年轻而有抱负的律师的帮助下，他开始了对抗疯疯癫癫的卫仕曼的诽谤的法律行动，尽管埃尔利希尽一切努力阻止这个行动。令埃尔利希失望的是，他不得不作为证人出庭；对他来说，被告人最终被定罪，被判入狱一年，这并不是什么安慰。洒尔佛散行动使得过去的诽谤死灰复燃，人们不仅认定从洒尔佛散的销售中能获得巨额的收入，而且赫希斯特公司的股票市值也反常地上涨。最后，埃尔利希感到他不得不对公众的指控做出回应，因此他在《慕尼黑医学周刊》（*Münchner Medizinischen Wochenschrift*）上写了一篇长文，用说教的方式解释了生产和测试一种像洒尔佛散那样的新药的实际成本。尽管埃尔利希书面表达自己的意思有困难，即便是用自己的母语（他总是嫉妒贝林的作家天赋），但是这篇文章的确是令人羡慕的成就。

洒尔佛散反对者的狂热及他们充满怨恨和不得要领的争辩不能掩盖洒尔佛散的确是有问题的事实，这些问题不能用不正确的存储和给药方式来解释。首先，这种药物的用途是有限的，它只对新发的梅毒有效。其次，皮下或肌肉注射洒尔佛散会引起一些病人强烈的疼痛，虽然其他病人没有发生严重的不适。但是，最大的问题是洒尔佛散有时会引起无法解释的死亡，可能是因为病人的某种过敏反应。在 1914 年，在全世界进行了几十万次洒尔佛散治疗，在此期间报道了大约 300 例可以归因于此药物的严重的损伤或死亡。因此死亡率大约有 1/1000，考虑到这是一个没有其他治疗方法的严重疾病的治疗问题，这是一个合理的较低的数字。即便如此，埃尔利希还是对这个死亡率感到忧虑，所以试着生产一种毒性较低的洒尔佛散的衍生物。最后，乔治-施派尔-豪斯研究所的一位化学家，阿尔弗雷德·波特海姆（Alfred Bertheim）设法合成了一种易于溶解而且注射时引起较少并发症的衍生物。这种衍生物在 1912 年被批准临床使用，它被命名为新洒尔佛散，一般认为它比洒尔佛散有了明显的改进。

荣誉和早逝

　　无疑保罗·埃尔利希的名字在他的同事间，尤其是在国际上已经变成了一个伟大的名字，然而他总是避免抛头露面，喜欢在他的科学同事中保持一种淡泊宁静的名望。即便是这样，他还是得到了许多荣誉，包括 1908 年诺贝尔生理学或医学奖，这是在洒尔佛散获得重大突破的两年之前的事。在当时，其他的荣誉可能也同样重要。1911 年，普鲁士政府任命他为枢密院议员（Wirklicher Geheimrat），头衔是"卓越"，以表示对他的尊敬。同样的职位曾被任命给科赫和贝林，这也是普鲁士政府能给予科学家的最高的荣誉。他也得到过无数的勋章，如大普鲁士科学金质奖章和极有声望的李比希奖章，不用说还有许多荣誉博士学位和各种不同的奖章。为纪念他 60 岁的生日，一部纪念文集被出版，文集中用了 37 章来庆祝他的伟大成就。当然，即便是憎恨公共宣传的埃尔利希对此也感到很高兴。

　　他人生最后的几年因为第一次世界大战的爆发而变得黑暗。因为战争，他与国外科学家的联系大大减少了。据说当埃尔利希听到这个令人心碎的消息时绝望地大哭大喊："这简直是疯了！"不可否认，此时他比那些用爱国主义的欢呼来庆祝宣战的人们头脑更清醒。涉及洒尔佛散的大量的工作负担也对他的健康造成了损害。不停地抽雪茄，这个他年轻时形成的习惯，也无助于改善他的健康。1914 年，他的身体状况明显恶化，表现出越来越严重的血液循环方面的不适。圣诞节时，他患上了轻度的脑卒中，但是健康状况似乎有所改善，虽然他很想念他钟爱的却被禁止的雪茄。1915 年 8 月，埃尔利希进入一家疗养院进行康复。他在这里又一次得了脑卒中。他在 8 月 20 日平静地去世，再也没有苏醒过来。

　　在法兰克福犹太墓地举行的葬礼上，他的朋友埃米尔·冯·贝林在令人感动的悼文中说，死者已经成为世界的导师，他是全世界医学科学的老师。可能埃尔利希最伟大的作用，是作为智慧的领路人和启迪者，将医学思考指向一条新的富有成效的道路。今天，全世界的科学家都在寻找各种生物医学问题的分子解释，毫无疑问，保罗·埃尔利希是真正使我们睁开眼睛看到这个思路的人。

埃黎耶·梅契尼可夫

自 19 世纪中期以来，医学思想一直被菲尔绍及其细胞病理学所主导。在 19 世纪末，当微生物学在医学领域取得伟大的突破时，鲁道夫·菲尔绍与科赫的细菌学派之间的关系极不友好。另一方面，另一位病理学的先驱尤利乌斯·科恩海姆有着完全不同的态度，他积极地鼓励科赫和埃尔利希。但是，总体而言，菲尔绍病理学的细胞思想与在体液中自由循环的抗体的新观念之间是有差别的。抗体的发现者埃米尔·冯·贝林在回顾古老的希波克拉底的体液病理学原理时，也强调了这一点。埃黎耶·梅契尼可夫则是作为相反的立场，即被称为细胞免疫的领导者而出现的。尽管如此，他和贝林最后还是成了好朋友。

一个敏感的年轻人

埃黎耶·梅契尼可夫（Elie Metchnikoff）出生于 1845 年，是五个孩子中最小的一个。他父亲，伊里亚·伊万诺维奇（Ilia Ivanovitch）是一名警卫官，他挥霍掉了他和他妻子的大部分财产。他后来被迫退休，离开圣彼得堡去了他在哈尔科夫（Charkov）附近的一处房产居住。伊里亚·伊万诺维奇似乎对知识没有什么兴趣，他只对玩牌和暴饮暴食有很大的热情。而埃黎耶的母亲艾米莉亚是犹太作家列奥·内瓦赫维奇（Leo Nevahovitch）的女儿，是个精神高尚的知识女性，对文化很有兴趣，在这个孩子的学术发展和职业选择上起了主要的作用。作为孩子，埃黎耶敏感、精神饱满，几乎动个不停——在家里大家都知道他的绰号"水银"。因为他的魅力和自然表现出来的纯真的天性，他是母亲最喜欢的那个孩子。但是他的哥哥姐姐们却认为他是一个被宠坏了的遭人讨厌的顽童。一位负责指导埃黎耶的一个哥哥的家庭教师，对早熟的 8 岁大的埃黎耶饶有兴趣，于是教授他自然科学，并带他外出远足，采集和考察花卉。他很快成了当地植物群落的专家；当他在 11 岁被哈尔科夫的文理中学录取时，他一生对生物学的兴趣已经形成了。

文理中学的几位教师相对比较进步，他们采用现代的教学原则。埃黎耶似乎很喜欢上学，是一个出色的学生，即便是他倾向于略过那些他觉得枯燥的课程而将精力集中在自然科学上。在 17 岁时，他以优异的成绩通过了文理学校最后的考试，并被授予了一枚金质奖章——这个出色的表现使

埃利耶·梅契尼科夫（Elie Metchnikoff, 1845—1916）

由瑞典斯德哥尔摩诺贝尔基金会提供

他的父母相信应该让这个孩子去大学里继续他的学习。在上中学期间,他就旁听了哈尔科夫大学的一些课程,但对那里的教育没留下什么好印象——他觉得有点儿太陈旧。而在德国的大学里,研究和教学的质量都要好得多,埃黎耶很清楚地知道这一点。他决定去乌兹堡学习生物学,杰出的生物学家鲁道夫·冯·科立克(Rudolf von Kölliker)在那里很活跃。艾米莉亚帮助他的儿子劝服了他的父亲资助这个学习计划,于是这个年轻的学子踏上了他热切期盼的出国之旅。不幸的是,这次旅行充满了坏运气和令人失望的事情。直到他到了乌兹堡才发现新学期六周后才开始。他独自一人待在国外的城市里,思乡心切,于是立即搭下一班的火车回俄国的家了。他第一次走向国外科学世界的远行毫无光彩地结束了,但后来出国的尝试结果就要好得多了。

埃黎耶于是决定待在哈尔科夫大学学习医学。但是,埃黎耶的母亲认为这不是个好主意并试着劝阻他。她认为,他过于敏感,无法忍受作为医学生不得不目睹的人类遭受的所有病痛。想一想在接下来的几年发生的事情,她在这一点上可能是很正确的。梅契尼可夫于是花了两年时间在哈尔科夫学习生物学,但他仍然向往着远离俄国地方大学的狭隘氛围,向往着家乡以外的世界。1864 年,他终于得到一个机会,在德国北海岸外的赫尔戈兰岛花两个月的时间学习海洋生物学。他的父母很愿意给他提供经济支持,这次他的出国之旅很成功。他认识了著名的植物学家费迪南·科恩(Ferdinand Cohn),后者被梅契尼可夫对研究的热爱所打动,于是建议他与在吉森的动物学家鲁道夫·刘卡特(Rudolf Leuckart)联系。在那里,梅契尼可夫进行了一些关于线虫繁殖的有趣观察,但是,大量使用显微镜的工作影响了他的眼睛。他开始患上严重的眼疲劳,最后所有要使用显微镜的工作都不能进行了。在很多年内,他的眼病反反复复地困扰着他。

梅契尼可夫与鲁道夫·刘卡特在发表他们共同获得的结果的问题上产生了冲突,但是要感谢俄国教育部提供的两年薪俸,使他能够离开赫尔戈兰去纳普勒斯,在那里海洋生物学研究的机会好得无与伦比。梅契尼可夫受到达尔文进化思想的强烈影响,认为低等生物(无脊椎动物)的胚胎按照与脊椎动物胚胎相同的规则发育。在纳普勒斯,他与一位志趣相投的人,动物学家亚历山大·考瓦列夫斯基(Alexander Kovalevsky)合作,他们也成为好朋友。他们对新的科学分支,即比较胚胎学的产生做出了贡献。直到 1867 年，梅契尼可夫与考瓦列夫斯基一起回到俄国，他在圣彼得堡大学获得了博士学位，而且因为他在无脊椎胚胎胚层起源方面的研究获得了声望很高的冯·贝尔奖（von Baer Prize）。他还在敖德萨大学获得了一个职位。在 22 岁时，埃黎耶·梅契尼可夫已经被认为是科学界的一个名人了。

但是，他在俄国的学术生涯注定是充满了失望和冲突，这可能并不完全是他保守而顽固的同事的错。年轻的梅契尼可夫不总是擅长交际，而且他可能有教条主义的倾向。不久以后，他就与一位年长的、在科学上不是非常出色的教授在谁有资格在圣彼得堡自然科学会议上代表大学的问题上起了争执。最后，他们俩都被选为会议代表。但是冲突变得更加严重，这使得梅契尼可夫不受年长的职员的欢迎。他还觉得他的实验室和工作条件总体来说非常令人不满意。尽管他非常受他学生的尊重，但是在敖德萨当教授的生活似乎越来越令他难以忍受。所以，当圣彼得堡大学给梅契尼可夫提供一个动物学的职位时，他不难被说服。与考瓦列夫斯基再次去纳普勒斯的旅程在科学上不像第一次那样成功；他患有眼病，担心那可能意味着他科学生涯的结束。进一步说，圣彼得堡的研究机会甚至比在敖德萨还糟糕。

接下来的几年肯定是梅契尼可夫一生中最困难的时光。1869 年，他与年轻的卢德米拉·费多罗芙娜（Ludmilla Federovna）结婚——这使得他的母亲深深地忧虑。卢德米拉患上了肺结核，尽管梅契尼可夫为了让她能住在温暖的气候里花了许多钱，她的身体状况还是越来越糟。他在圣彼得堡的职位使得夫妻二人不得不很长时间两地分居。在她生命的最后一年，她住在马德拉。当梅契尼可夫离开妻子几个月之后，在 1873 年春天再次看到她的时候，她已经快要死了。虽然她的死不是意料之外的事情，但梅契尼可夫还是感到非常抑郁。在回家的路上，梅契尼可夫探望了他住在日内瓦的哥哥。他在日内瓦停留期间，曾试图吞服大剂量的吗啡自杀，谢天谢地这没有杀死他，而只是导致他剧烈地呕吐。

梅契尼可夫很快在敖德萨他待过的大学获得了一个职位，但他在妻子去世、回到俄国后，觉得自己无法恢复他的生物学研究。他的眼病比以前更令他困扰，不能用显微镜工作。于是，他决定投身人类学研究。他打算研究居住在阿斯特拉罕大草原的蒙古卡尔梅克人，以及他们从儿童早期到成年的发育。很显然，他将此视为他以前在比较解剖学上的工作的延续。

　　这次远行有很多问题。钱必须由他自己出，卡尔梅克语他一句都不会，旅行条件至少应该说很差，所有的东西都无法形容地脏，食物主要是羊肉，散发着变质脂肪的臭味。尽管如此，梅契尼可夫没有感到沮丧，反而不知疲倦地进行着他的人类学测量工作，得到了几个有趣的观察结果，至少他自己是这样认为的。他认为，与高加索人相比，成年卡尔梅克人的身体发育似乎保存着婴儿期的特征：头大，腿短、躯干占比例大——就像是俄国的婴儿。他还对卡尔梅克人发育的显著抑制有一个解释，认为这是由一直饮用发酵的牛奶所造成的慢性中毒引起的。这无疑是一个大胆的假说，几乎算不上是梅契尼可夫对科学的较为重要的贡献之一。

　　回到敖德萨后，梅契尼可夫住在一间公寓里，正好是在一个有八个非常活泼的孩子的大家庭的楼下，他发现他们有点令人心烦。尤其是早上他想多睡一会儿的时候。后来，他对其中最大的女孩有了兴趣，她是 16 岁的奥加尔·贝洛科皮托娃（Olga Belokopitova），他给她教授自然科学。很快老师和学生彼此深深相爱并于 1875 年结了婚。婚礼在一个下雪的冬日举行；奥加尔在她写的埃黎耶·梅契尼可夫的传记中叙述了，就在庄重的婚礼前她的弟弟们是如何劝她与他们一块儿玩雪橇的。每个人都度过了极其美好的时光，除了新娘的母亲。当她发现女儿在干什么时，她对她的生活感到震惊。这个插曲当然是说明新娘的年轻，如果不说是幼稚的话。但即使如此，他们的婚姻将持续一生。奥加尔成为性情有些不稳定的梅契尼可夫爱的支撑，以及他研究中的不可或缺的合作者。

　　在他们婚姻的第一年，俄国发生了一段时间的政治动荡，主要是知识分子和学生反对政府的压制，以及绝望的无政府主义者发动的恐怖主义行动。梅契尼可夫远不是一个革命者，然而他也发现反动的沙皇政权令人忍无可忍——而且它以后会更糟糕。1881 年 3 月，无政府主义者谋杀了相对开明的沙皇亚历山大二世。此后，在他冷酷的继任者亚历山大三世统治期间，压迫加强了。在大学里的工作条件也变得更差，以至于对梅契尼可夫来说研究和教学都变得不可能了。他年轻的妻子得了严重的副伤寒，他很担心她的身体。虽然她康复了，但梅契尼可夫还是患上了抑郁症，在 1881年曾试图第二次自杀，他给自己注射了螺旋体培养物，导致了回归热。他病得很严重，但最后康复了，然而此后长期受到心脏问题的折磨。他将此归咎为回归热的发作。这时候奥加尔的父母都已经去世了，因此梅契尼可夫不得不承担起她年幼的弟弟和妹妹的监护人的责任。奥加尔父亲留下的遗产使得这个家庭在经济上能够独立，而且使他们离开俄国去研究条件好得多的国外定居成为可能。

通往巴黎之路

1882 年秋天，包括奥加尔的 5 个弟弟和妹妹在内的整个家庭出发去了墨西拿，这是梅契尼可夫最后踏上通往巴黎和巴斯德研究所之路的第一步。他很喜欢墨西拿和地中海，因为那里有丰富的海洋动物群，他在那里获得了他最早的重要发现。他先是发现了海洋生物细胞能摄取悬浮在水中的染料颗粒，德国生物学家恩斯特·海克尔（Ernst Haeckel）已经报道过了同样的发现。现在，梅契尼可夫开始系统性地研究在海星的透明幼虫中的这一过程。他发现这些幼虫中胚层的运动细胞会聚集在异物周围。梅契尼可夫突然想到这可能是与手指扎刺后的炎症反应类似的现象。他进行了实验，将刺扎进海星的幼虫体内，确定能够看到细胞聚集在刺周围。很明显，这是对他深信的关于低等生物与具有发达的脉管系统的高等物种之间有对应关系的假说的又一个证据。

1884 年，梅契尼可夫在研究水蚤时进行了另一项重要的观察。这些动物的肠道中经常会有梅奇酵母（*Monospora bicuspidata*）延伸的、尖锐的孢子。偶尔的肠蠕动使得这些尖孢子透过肠壁进入水蚤的腹腔。有时这样导致的感染会杀死动物，但通常水蚤能够存活。结果证明水蚤具有一种防卫机制，体现为能够吞噬孢子并将其降解的运动细胞。几年后，梅契尼可夫发现另一种总能够杀死被感染的水蚤的寄生菌巴斯德菌（*Pasteuria ramosa*），它们不能被水蚤的运动细胞所摄取和降解。

梅契尼可夫更加相信具有摄取和消化异物（他将此称为吞噬现象）能力的细胞在防御入侵微生物过程中扮演着重要的角色，不仅在海星幼虫和水蚤中是这样，在人类机体中也是这样。用他自己的话来说，这个想法将他从一个动物学家变成了一个病理学家。在接下来的年份里，梅契尼可夫会将他大部分的科学生涯投入到发展并保卫他的吞噬和细胞免疫理论中去。当梅契尼可夫在 1882 年刚发现海星幼虫的吞噬现象时，恰好在墨西拿，鲁道夫·菲尔绍给了他鼓励，但同时指出他关于炎症反应在防御细菌感染中的作用的理论与病理学中普遍接受的观点相冲突。事实上，菲尔绍最著名的学生，尤利乌斯·科恩海姆已经对炎症过程进行了先驱性的研究，并揭示参与炎症反应的白细胞来自循环血。因此他认为只有具有血管系统的动物才有炎症反应。而且，一般认为白细胞通过摄取细菌帮助这些细菌在受感染的机体内传播。吞噬，远不是对微生物的防御，而会使感染变得更严重。因此，在梅契尼可夫的思想能被医学界接受以前，有许多阻力要克服。

他关于吞噬及其在感染防御中的重要性的论文最早在 1883 年发表，此后有关这方面的论文发表一直持续了四分之一世纪。梅契尼可夫作为一个科学家的声望与日俱增，即便是有人对他的发现的医学重要性有某些怀疑。受到巴斯德工作（现在那些工作受到全世界的认可）的鼓舞，敖德萨当局1886 年建立了一座研究微生物学基础的研究所，以后这座研究所将联合生产狂犬病疫苗。梅契尼可夫得到了研究所所长的职位，他抱着最大的期望上任了。但是，与科研职员之间的冲突使得他的处境很困难。而且，当局以他没有正式的行医执照为借口阻碍他的研究。仅仅两年之后，他和奥加尔就离开了俄国去欧洲寻找一个他们能永久定居的地方。

梅契尼可夫访问过慕尼黑［在那里他与批评他吞噬理论的保守的卫生学者鲁道夫·埃默里希（Rudolf Emmerich）发生了冲突］和柏林（在那里科赫接待他时十分冷淡，这令他既惊讶，又失望）。与之形成对比的是，巴斯德称赞了梅契尼可夫的研究，并慷慨地给他提供了正在建的新研究所中的一间实验室。在像巴黎这样的国际大都市中生活在一定程度上令他害怕。他本来更喜欢安静的小大学城，但同时巴斯德研究所的氛围对他很有吸引力，它著名的领导被一个充满热情的年轻科学家的团队所围绕。1888 年秋天，梅契尼可夫搬进了在新研究所二层的有两个房间的实验室。他和奥加尔做出了选择，显然他们对这个决定没有后悔过。法国成为他们的新家，梅契尼可夫在他的余生中一直留在巴斯德研究所。他们似乎从一开始就喜欢这个地方，当然因为有足够支持他们的奥加尔在俄国的财产的帮助，他们的生活就更舒适一些。在巴斯德研究所的 28 年间，梅契尼可夫没有拿到任何工资。

梅契尼可夫夫妇（奥加尔全职充当埃黎耶的研究助手）现在是整个巴斯德研究所中十分特别的研究组的成员，他们是一个科学家家庭，有时被描述为一个完全投入研究的教团。埃黎耶与这位伟大人物的个人关系似乎很好，当然，与像巴斯德那样的人相处的确没有问题。他年轻的同事很快学会了欣赏梅契尼可夫大量的文献知识，以及任由他们自己开展研究的慷慨。尤其是从 1904 年开始担任巴斯德研究所所长的埃米尔·鲁，与梅契尼可夫成为非常亲密的朋友。

梅契尼可夫很快地使一群年轻的科学家聚集在他的周围；他们中最著名的是朱尔·博尔代（Jules Bordet），他因为在免疫学上的发现获得了 1919 年诺贝尔医学奖。医学界不愿接受吞噬及梅契尼可夫声称的在机体中防御感染的作用，尤其是在贝林发现了抗体及随后的治疗学上的突破之后。但是，梅契尼可夫继续不屈不挠地坚持吞噬的重要性，一个很好的例子是他尝试用细胞免疫的观点解释所谓的"菲佛现象"。理查德·菲佛（Richard Pfeiffer）是科赫的一个杰出的学生，他在 1894 年揭示了给以前进行过霍乱免疫的豚鼠腹腔注射（即通过腹膜注入腹腔）的霍乱弧菌在几分钟内就会被杀死，而且能在腹腔液中观察到这些细菌成为不动的颗粒。另一方面，经过霍乱免疫的动物的血清在体外（即试管实验）对此弧菌没有效果。但是，菲佛也进行了体外实验，他将免疫动物的免疫血清与正常豚鼠的腹腔液混合，发现混合物杀死并溶解了霍乱弧菌。似乎正常动物的腹腔液中含有在体外杀死弧菌所必需的一种因子。

菲佛特别指出，他认为吞噬与这一现象无关。梅契尼可夫将此视为对他的细胞免疫理论的攻击，立即接受了挑战。他以前做过霍乱的工作，他怀疑科赫发现的弧菌与疾病有关。因此他接受了培顿科弗（Pettenkofer）的观点，像他一样做了试验，他吞服了活的霍乱弧菌却没有得病。受到这个结果的鼓舞，他将试验扩展到两名其他的志愿合作者。不幸的是，他们中有一人得病了，表现出典型的霍乱症状。梅契尼可夫当然非常难过。当病人最后康复时，他一定感到了巨大的欣慰。从那以后，梅契尼可夫完全相信了弧菌是引起霍乱的原因。这一段插曲是在细菌学初创期对人体试验极其马虎的态度的典型事例。

梅契尼可夫重复了菲佛的试验，虽然他得到了同样的结果，但他的解释完全不同。弧菌被破坏不是由抗体造成的，而是由于因注射而受损的白细胞。受损的白细胞泄漏出能消化细菌的细胞内酶［他将它们称为"细胞溶解酶"（cytases）］。梅契尼可夫做了一系列类似的实验，这些实验似乎证实了弧菌是因细胞溶解酶的扩散而被破坏的。后来证实，他的"细胞溶解酶"不是酶而是"补体（complement）"，它们是正常存在于体液中的与抗体一起参与降解像细菌这样的外源性微生物及不相容的血细胞的蛋白质。朱尔·博尔代揭示了正常血清中含有这些因子，他将其称为"杀菌素（alexin）"，而不是"补体"，同时他将抗体称为"介体物质（substance sencibilatrice）"[梅契尼可夫偏爱"固定体（fixateur）"这一术语，而不是抗体]。在当时，免疫学术语完全是混乱的。

梅契尼可夫一直被认为是一个高水平的讲师。1891年他进行了一项关于炎症过程性质的不同理论的调查，吸引了大量的参与者。第二年，这项调查被冠以《炎症过程的比较病理学》的题目发表。在世纪之交，梅契尼可夫开始撰写一部综合性的论著，试图概括整个免疫学领域，即《传染病的免疫》。其中，他再次捍卫了他的吞噬及其对免疫的重要性的理论，并批判了贝林和埃尔利希对游离抗体作用的夸大。这部著作在1901年出版，引起了人们相当大的兴趣。尽管如此，必须承认医学科学在20世纪的第一个十年间逐渐失去了对细胞免疫的兴趣。另一方面，回顾自19世纪80年代梅契尼可夫的发现以来免疫学的发展，其重要性变得越来越明显。诺贝尔奖医学委员会让梅契尼可夫和埃尔利希分享了1908年的诺贝尔医学奖，对此人们不得不称赞他们的眼光。

衰老和死亡

在生命的最后15年，梅契尼可夫对衰老和死亡的生物学过程越来越感兴趣。为什么像动脉粥样硬化这样的退化现象随着年龄增加，结果与这样的变化相关的疾病也随着增加？对血管病的兴趣使得梅契尼可夫和鲁一起寻找梅毒动物模型。梅毒是一种同样影响血管系统的疾病，而且一直到当时都被认为是一种只属于人类的疾病。1903年，他们能使猴子感染上梅毒，这个实验上的突破对埃尔利希洒尔佛散的工作也非常重要，虽然出于经济上的原因，德国的研究组最后不得不选择另一种动物模型。

为了尽可能地推迟不可避免的衰老，梅契尼可夫主要采取一般的健康生活方式。尤其是他强调防止导致整个身体慢性中毒的伴随肠道有害细菌生长的废物形成的饮食的重要性。1901 年在曼彻斯特的一次演讲的结尾，他宣称肠道细菌是人类寿命缩短的主要原因。他还表达了在新世纪科学能够解决这一问题，从而延长人类生命的希望。他个人极为看重酸奶饮品，它能使乳酸菌在大肠内克隆生长，从而防止有害细菌的生长。在此，他可以举高加索人和巴尔干半岛人的例子，据说他们因为这样的饮品能活到高寿。

另一个缩短人类寿命的早老原因是酗酒和传染病，尤其是梅毒。只要人们能被劝服按照梅契尼可夫设计的被他称为"正确生活"（orthobiosis）的健康原则去生活，他们的寿命预期将极大地延长。进一步来说，人们可以指望科学消灭所有的传染病这个在当时造成死亡的主要原因。那样，当死亡被视为生命历程完成后的平静终结时，对死亡的恐惧就会消失。

当然，梅契尼可夫自己过着"正确生活"，所以 1913 年他能够在他去世后出版的笔记中得意地写道，他成功地活到了比他的双亲和兄弟姐妹更大的岁数。的确，他的心脏有问题（当时他患有轻微的冠心病），但梅契尼可夫认为他的心脏问题是因为他到 53 岁时才开始过"正确的生活"。带着典型的19 世纪的乐观主义，他相信科学的稳步前进将会使人类的未来更美好，不仅给人类带来健康和繁荣，还将使我们更明智，并提高我们的道德水平。这个对未来世界将会是理智与和平的天真信仰被第一次世界大战的爆发粉碎了。他们那时住在郊外，梅契尼可夫不得不每天乘火车去巴斯德研究所。奥加尔在传记里叙述了梅契尼可夫是如何在宣战后到达研究所并发现研究所已经完全被军队接管了的。年轻的职工都离开了研究所，基础医学研究再也不可能进行了。奥加尔说当她像往常一样到火车站接他时，从巴黎来的火车上下来的是一个苍老的心碎的男人。在战争年代，有大量的人死去了，其中很多是他的朋友和合作者，受到压制不能开展科研活动无疑使梅契尼可夫的健康逐渐走下坡路。最后，在埃米尔·鲁的建议下，他搬进了曾经属于巴斯德的研究所中的私人房间里。身患重病的梅契尼可夫将此视为极大的荣誉，感到十分高兴。就在这里，在 1916 年 7 月 15 日，他死于心衰。

诺贝尔奖评选委员会

诺贝尔奖和

1901 年

1901 年的第一届诺贝尔奖颁发之前遭遇过一系列的冲突和困难，其实在 1896 年阿尔弗雷德·诺贝尔（Alfred Nobel）去世后，这种纷争一直都在持续。他年轻的合作者，雷格纳·索尔曼（Ragnar Sohlman）不得不秘密地将诺贝尔产业的资产转移出法国，以防止它们落入法国政府的手中。这与诺贝尔死时的合法居住权问题有关，而这个问题会影响遗产税的多少，并且可能还会影响他遗嘱的有效性。即便是在他的财产安全转移到瑞典之后，在能实现颁发奖金（诺贝尔已经在遗嘱中清楚地说明了）之前，还有许多严重的问题要解决。例如，他的一些亲戚竭尽所能地让这份遗嘱的条款失去效力。更重要的是，关于遗嘱中的一些规定，诺贝尔的真实意图还存在争论。

例如，文学奖应该颁发给在前一年写出了"在一个理想的方向上"的最好的作品的作者，而这个"理想的方向"又如何确定呢?即便是物理、化学、生理或医学方面的科学奖也存在问题，因为遗嘱规定奖金应该颁发给在各自的研究领域里"在前一年对人类做出了最伟大贡献"的科学家。某个科学发现对人类的贡献总是很难评价的。即便是尽可能简单地考虑，我们将"对人类的贡献"看成是一种"科学品质"，还是有无比巨大的困难——时间。

通常要花费相当长的时间才可能对一项科学发现的重要性做出判断。有时，一项发现的全部维度被完全认识需要数十年的时间。无论如何，真实地评价前一年的发现的意义是不可能的。对文学奖来说当然也是这样，更不用说还有增加了许多其他明显无法逾越的障碍的和平奖了。很奇怪的是，诺贝尔所选择的颁发和平奖奖金的挪威议会，是唯一没有制造任何困难的机构，他们立即就接受了这项任务。其他设想中可以管理诺贝尔奖的机构，如可以管理物理奖和化学奖的瑞典皇家科学院，以及可以管理生理学或医学奖的卡罗林斯卡学院，提出了很多反对意见。对于遗嘱的原始条款，他们拒绝承担选择诺贝尔科学奖获奖人的责任，而且瑞典文学院对文学奖有着同样的态度。这个伟大的项目似乎陷入了僵局。

克服这些困难需要像诺贝尔指定的遗嘱执行人之一雷格纳·索尔曼（Ragnar Sohlman）那样具有天生的智慧、奉献和不屈不挠的意志力。首先，

阿尔弗雷德·诺贝尔（Alfred Nobel, 1833—1896）

由瑞典斯德哥尔摩诺贝尔基金会提供

雷格纳·索尔曼（Ragnar Sohlman, 1870—1948）

由瑞典斯德哥尔摩诺贝尔基金会提供

诺贝尔遗嘱中一些严格的条款必须修改得灵活一些，瑞典政府才能认可诺贝尔基金会的章程。通过规定奖金最多可以在 3 个获奖者中分配，对候选人的评价变得比原先容易了。而且，章程中有一段重要的陈述，"如果其重要性直到后来才被认识到"，那么上一年度之前的工作也可以获奖。因为有了这些有用而灵活的条款，科学院和卡罗林斯卡学院觉得他们能够承担起科学奖项的责任了，而瑞典文学院也担负起了文学奖的责任。

诺贝尔奖评选委员会和被提名人

卡罗林斯卡学院的研究人员在 1901 年选出了以下的诺贝尔奖医学委员会，以评价诺贝尔生理学或医学奖的候选人：

恩斯特·艾昆斯特（Almquist，Ernst）　　卫生学教授
萨洛蒙·E.汉森（Henschen，Salomon E.）医学和病理学教授
埃瑞克·缪勒（Müller，Erik）　　　　　解剖学教授
卡尔·A.H.默纳（Mörner，Karl A. H.）医学生物化学教授（主任）
卡尔·森德伯格（Sundberg，Carl）　　病理解剖学教授
（以上均来自卡罗林斯卡学院）
罗伯特·蒂格斯泰特（Tigerstedt，Robert）芬兰赫尔辛基大学生理学教授

卡罗林斯卡学院邀请了许多国际知名的科学家和科学机构提名候选人，这个过程至今仍然在进行。在规定的时间内，委员会发现埃米尔·冯·贝林因为发现了抗体而获得了 13 次提名（一次与北里柴三郎一起，另一次与保罗·埃尔利希一起）。值得注意的是，这些提名中 9 次是来自来登大学医学系。罗伯特·科赫因为他在疟疾方面的工作获得了 4 次提名，埃黎耶·梅契尼可夫因为发现了吞噬而获得了 3 次提名。

抗体的发现

委员会请其成员、卫生学教授恩斯特·艾昆斯特对贝林的伟大发现做一个评价，不得不说艾昆斯特向他的同事提交的备忘录从几个方面来说是值得引起注意的。首先，人们会对它的简短感到惊讶，它只有 3 页打印纸，

卡尔·A. H. 默纳（Karl A. H. Mörner, 1854—1917）
由瑞典斯德哥尔摩卡罗林斯卡学院提供

恩斯特·艾昆斯特（**Ernst Almquist, 1852—1946**）

由瑞典斯德哥尔摩卡罗林斯卡学院提供

卡尔·森德伯格

由瑞典斯德哥尔摩卡罗林斯卡学院提供

一般来说不会给人留下深刻印象。作者停留在对诸如贝林所经历的寻求维持他的免疫接种实验所需要的实验动物的经费等琐事的相对详细的描述上。他也讨论了科赫在结核菌素方面的工作对贝林的榜样启发作用可能的重要性，但十分正确地下结论道："毫无疑问这个发现从本质上来说是贝林自己的。"他还发现北里对原始项目的贡献比贝林小得多。艾昆斯特对贝林可能的前辈做了一个简短的述评，但正确地发现他们的名字与在这方面的发现没有什么重要的联系。

在他的备忘录中完全没有提到对发现抗体所意味着的免疫学中极其重要突破的赞赏。他借用鲁和马丁在1894年关于他们能够从整体上证实贝林与其合作者的结果及其影响所做的陈述来总结他的分析。但是他们也指出引入白喉的血清治疗所需要的时间可能比获得这个发现本身所需要的时间还要长。这不是什么很热忱的总结性评论。艾昆斯特也没有回答贝林作为获奖者的功绩的问题。

作为艾昆斯特材料中备忘录附件的是另一份病理解剖学教授卡尔·森德伯格所写的报告，其中概括了从1895年以来抗白喉血清治疗结果的统计数据。作者相信血清在临床上是有用的，并同意了贝林最近的一个陈述："在1895年底抗白喉血清的治疗效果和无害性对于每一个对这些问题有一些理解的内科医生来说都已经很明显了。"但是在他的备忘录中，森德伯格也没有解决那个必须回答的问题：贝林是1901年诺贝尔生理学或医学奖最有优势的候选人吗？

在此，留意一下艾昆斯特和森德伯格在对丹麦兽医贝恩哈尔·邦（Bernhard Bang）及其与牛结核病斗争的一个短小的评价中不得不说的话会给人以启发。在结论中，他们说了以下的话："这一系统性的有计划的组织行为，加上其伟大的结果，是可以被授予诺贝尔奖的。但是因为在最近几年中有一个更伟大的发现已经被提名获奖，对我们而言很明显优先权应该给后一个发现。"对这个更应该得奖的候选人的这种隐晦的提法不可能是暗指贝林，他的发现是十年前获得的，无论如何也不会被说成是"在最近的几年"。在另一方面，这一描述与罗纳德·罗斯（Ronald Ross）及其疟疾媒介的发现惊人地符合；他正是评议专家们替委员会做出评价的另一位候选人。

被推荐的候选人

这份艾昆斯特和森德伯格联名提交给诺贝尔奖评选委员会的以《疟疾问题》为题的备忘录主要是评价英国军医官罗纳德·罗斯（Ronald Ross）及其有关疟蚊作为疟疾媒介的作用。与艾昆斯特对贝林的评价不同，这份备忘录非常全面（多于6页打印纸），而且评价是极端赞赏性的。其最后的评述如下："在过去的几年中，罗斯做出了具有伟大的实践性和科学价值的先驱性的发现。在做出这个发现的过程中，他展示了不屈不挠的精神、原创性和在实验方法使用上的伟大技巧。他的发现已经得到了许多伟大的科学家的证实，并被接受为真理，而且是有关最重要的疾病之一。我们因此推荐他获奖。"

比较他们对罗斯与贝林及邦的评价，人们就不会怀疑艾昆斯特和森德伯格一定是推荐罗纳德·罗斯而不是埃米尔·冯·贝林获奖。今天，事后看来，抗体的发现对现代医学的发展远比阐明蚊子是疟疾传播的媒介重要。进一步来说，所有的理由都使人相信甚至是早在1901年医学界的大多数人都持这样的观点。艾昆斯特和森德伯格的令人诧异的提议一定是因为他们被"近几年"的发现总要比十年前做出的发现优先的想法束缚住了。无疑，诺贝尔原始遗嘱的条款在这里可能起了重要的心理作用。

为什么最后结果会与这两位专家的提议完全不同呢？他们是在评奖委员会就遭到了反对，还是其他委员同意艾昆斯特和森德伯格，但是学院的看法不同，难道是他们对贝林满意？评奖委员会的评议及其向学院的推荐通常是口头的，没有做记录，学院做出最后决定前的讨论也是这样。但是，我们相信我们知道这些问题的答案。委员会似乎建议学院将一半的奖金颁发给罗纳德·罗斯，以奖励他在疟疾方面的工作；将另一半的奖金颁发给丹麦医生尼尔·芬森（Neil Finsen），以奖励他在皮肤病的光治疗方面的工作。罗斯在下一年获了奖，而芬森在1903年获了奖，但是这次，学院拒绝了评奖委员会的推荐而决定把奖给贝林。他"因为在血清治疗，尤其是其在抗白喉上的使用"而获得1901年诺贝尔生理学或医学奖。当我们回顾一个世纪以前的这个决定时，我们很确定地感觉到这是个正确的决定，贝林在各个方面都是个当之无愧的获奖人。

1905 年

诺贝尔奖评选委员会和提名

1905 年诺贝尔奖评选委员会医学委员会有以下成员：

恩斯特·艾昆斯特（Almquist，Ernst）　　卫生学教授

约翰·G.爱德格伦（Edgren，John G.）　　医学教授

埃米尔·霍姆格伦（Holmgren，Emil）　　组织学教授

卡尔·A.H.默纳（Mörner，Karl A. H.）　　医学生物化学教授（主任）

卡尔·森德伯格（Sundberg，Carl）　　病理解剖学教授

（以上均来自卡罗林斯卡学院）

罗伯特·科赫在 1901 年已经有了 4 个提名，这个数字每年都在稳定上升，到 1905 年，已经达到了 20 个提名，这已经是所有被提名人提名次数最多的候选人了。人们可能感到奇怪，为什么他在所有这些年中都没有获奖。毕竟是科赫与巴斯德一起开辟了医学科学的一个新的世界。是科赫及其合作者的工作使得细菌学以令人难以置信的快速发展成为可能。为什么他没有被授予 1901 年诺贝尔奖？如果考虑到他对医学的总体贡献，还有谁可能是更加当之无愧的候选人？原因当然既与提名科学家的不确定性有关，又与诺贝尔奖评选委员会所认为有价值的发现可以是多久之前有关。评奖的规则是可以包括一年以前的发现，如果其重要性直到最近才被认识到——但是对于年限当然是有限制的！当人们阅读最早期的诺贝尔奖对候选人的提名和评价时，就会感觉到不成文规定的时间界限大概是十年左右的时间。

对于科赫的情况，提名科学家明显将他们自己限制在他最近几年在疟疾方面的工作上，但实际上是他对医学的总体贡献促使他们给他提名。埃黎耶·梅契尼可夫早在 1901 年就提名科赫，这就是一个好例子，伯尔尼的朗格汉斯教授（Langhans）也是这样，当他详细说明为什么他提议贝林而不是科赫时，甚至明确地说："不用说，科赫应该是第一选择，如果可以考虑他的早期工作的话。"结核菌素的灾难当然使这位伟大的先驱尴尬，但是

主观的时间限制才是造成问题的真正原因。

1903 年之后，提议人感觉到可以更加自由地考虑较早的工作。在 1903 年的一次非常积极的对科赫的提名中，莱比锡的霍夫曼（Hoffmann）教授强调了科赫在炭疽及其转化为孢子形式、感染伤口的细菌的分类，以及鉴定结核杆菌方面的工作——这些工作距离当时已经有 20 多年了。霍夫曼的提名是表述清晰、观点平衡的典范。

对历史伟绩的评价

艾昆斯特和森德伯格在他们 1901 年的备忘录《疟疾问题》中只是轻描淡写地提到科赫在疟疾方面的工作，尤其是他试图限制这种疾病传播的工作。在 1902 年，即罗斯获得诺贝尔奖的那一年的关于疟疾的一份新的备忘录中，作者再次主要详细阐述了科赫在预防疟疾方面的工作。直到 1903 年艾昆斯特和森德伯格受委托写一份关于罗伯特·科赫的特别备忘时，他们才第一次全面地提起他开拓性的细菌学工作。但即便如此他们还是主要强调他近年的工作。他们集中撰写了他在疟疾方面的研究，尤其是他试图在德国殖民地根除该疾病所做出的努力。而且，他近些时期在结核病方面的工作也被描述得相当详细，并强调了牛结核及其传播到人的可能性。科赫在这一点上一直是个怀疑主义者，他强调的是诸如人痰液等物质。作者也提到了他诊断伤寒热的方法，以及他遏制当时仍然在欧洲发生的伤寒热流行所做的工作。

他们结论性的评述非常发人深省。人们可以看出作者们是如何极其小心地（但在我们看来也是十分明显地）开始考虑这样的观点：科赫最近的工作只有在充分认可他过去的突破进展的基础上才能被认可，而前期的工作为后期的工作奠定了重要的基础。也许他们必须得将科赫在 19 世纪七八十年代的发现和方法学上的成就看作他能获得诺贝尔奖的功绩的重要部分？无论如何，他们还是强调科赫最近几年的工作，因为他们认为"科赫过去的工作从时间来看不能单独考虑"。因此诺贝尔奖必须首先以他最近的疟疾、伤寒热和霍乱的流行病学研究，而不是他为一门全新科学奠定下基础的工作为依据。

到了第二年要写一份新的备忘录的时候了，但现在艾昆斯特是唯一的作者。这份备忘录几乎没有任何新观点，但充分评价了科赫在遏制1892/1893年肆虐欧洲，包括德国的霍乱流行方面做出的努力，并长篇累赘地介绍了他有关牛结核与人结核关系的工作。备忘录也同样充分评价了他对热带病，尤其是疟疾的研究。一般认为艾昆斯特明显关注科赫的卫生学和流行病学工作。在结论中，艾昆斯特如此说道："尽管现在距离科赫为与流行病做斗争的现代方法奠定下最早的基础，以及他在19世纪80年代展现的最惊人的思想已经有许多年了，但是他还是在1890年后做出了可以令任何人出名的伟大发现……科赫的工作有如此多的部分应该获奖，以至于这种丰富性也成为阻碍他获奖的困难。其他按照规则得到提名获得诺贝尔奖的科学家的功绩只相当于科赫成就的一小部分，即便我们只考虑1890年以后的时期……授予诺贝尔奖时忽略像这样的科学家是不可能的。考虑所有可能的情况，诺贝尔医学委员会将来也不会经常遇到对人类的贡献达到像科赫那样程度的候选人。"

这份备忘录必须被看作对科赫获奖的强烈的推荐，尽管作者仍然坚持完全主观的"1890年"的时间限制，因此不能对那个时间以前的工作给予正确的评价。

为了审慎地对待1905年的诺贝尔奖，委员会请艾昆斯特写了一份专门关于科赫在结核病方面工作的备忘录。这份备忘录可能没有给科赫及其工作锦上添花，但作者在这篇文章中组织材料的方式使其显得很有趣；这是他认为最重要的东西。艾昆斯特做出了他所谓的"科赫关于结核的三个伟大思想"的区分。

第一个"思想"，即鉴定和描述了结核杆菌的特征，占了备忘录的两页纸。但是，发现的本身只用了几行，其余的部分都是在讨论结核病的诊断、病因学和流行病学。第二个"思想"是关于结核菌素，只占了一页，主要是强调其诊断用途，这次主要是在兽医方面。第三个"思想"，限定为人结核杆菌和牛结核杆菌之间的差异，占了备忘录的十页。很难相信这样的比例真的反映了艾昆斯特对这三个"伟大思想"相对重要性的看法。但是，从艾昆斯特关于科赫在1901年以牛结核病在人类疾病中的作用为主题的结核病会议上发言的描述来判断，事实似乎就是这样。艾昆斯特很显然出席了那次会议，他写道："很少有一个科学演讲能创造出比科赫在1901年伦敦结核病会议上的发言更大的轰动。他的科学结论及要求在与肺结核的斗争中采取变革措施的呼吁立即成为批评和反对的对象。我认为它带来的兴奋在医学史上是无可比拟的，无论是在深度还是广度上都是这样。"这些话以有着不计其数的伟大发现和激烈冲突的几千年的医学史为背景，显得是多么大胆。艾昆斯特继续指出，在四年后的今天，"因为科赫简短的发言，导致随后出现了大量的研究文献。政府和个人科学家争相追随科赫提出的问题进行实验研究。四年后，我们可以公正地评判这一系列论著。于是我们发现这是个伟大的成就，重点是，这是人类的一个相当大的进步"。最后，艾昆斯特给出了他的惊人之语：没有必要再进一步详尽阐述科赫对人类的贡献了。卡罗林斯卡学院将很少有机会对能与科赫在结核病方面的工作相比的科学成就做出奖励。

在 1905 年，终于轮到了科赫，这位在那个时期最伟大的医学科学家"因为他关于结核病的研究和发现"获得了诺贝尔奖。没有人可能对这位获奖者提出反对。在另一方面，我们当然可以讨论一下颁奖机构是如何做出它的决定的。诺贝尔奖评选委员会，可能也包括卡罗林斯卡学院，对于接受科赫最近的研究与他在 1890 年之前先驱性的工作之间明显的联系都感到有困难，从符合获得诺贝尔奖的条件这个观点来看也是这样。这令人感到惊讶，因为在那个世纪之交的细菌学显然植根于科赫在他职业生涯的早期发展起来的方法。相反，委员会却按照自己的方式来解释诺贝尔章程，这种方式有时能带来引人注目的争论。

通过将科赫获得诺贝尔奖的基础限制在他的结核病工作上，卡罗林斯卡学院和诺贝尔奖评选委员会巧妙地避免了讨论他所有在神奇的 1890 年之前的其他功绩。剩下的就是权衡结核杆菌的伟大发现与他后来在结核菌素及牛结核病与人结核病之间关系方面的工作了。委员会对结核菌素简短的驳回意见似乎是合理的。在另一方面，艾昆斯特在他的备忘录中用于叙述科赫在牛结核和人结核关系的工作的页数与描述科赫其他成就的部分相比明显是不合理的。唯一的解释是他们尝试将人们的注意力吸引到最近十年的研究上，这种方式不是出于科学的目的。总之，委员会的推荐和学院的最终决定无疑是很公正的，但是在决定颁奖背后的推理过程似乎是有压力的。

1908 年

保罗·埃尔利希

诺贝尔奖评选委员会和提名

1908 年诺贝尔奖评选委员会有以下成员：

恩斯特·艾昆斯特（Almquist，Ernst）　　卫生学教授
弗里蒂奥·莱恩毛姆（Lennmalm，Fritiof）　神经学教授
卡尔·A.H.默纳（Mörner，Karl A. H.）　　医学生物化学教授（主任）
阿尔弗雷德·彼得森（Pettersson，Alfred）　细菌学副教授
卡尔·森德伯格（Sundberg，Carl）　　　　病理解剖学教授

保罗·埃尔利希因为与贝林在免疫学方面的工作，在 1901 年已经与贝林一起获得了一次提名。在 1902 年和 1903 年他分别获得了两次提名，在 1904 年获得了 9 次提名，1905 年获得了 7 次，1906 年获得了 9 次，1907 年获得了多达 17 次的提名。最后在 1908 年，他得到了 12 次提名。这样，他成了获得提名数最多的获奖者，尤其是，如果把他 1908 年获得诺贝尔奖之后又获得的 22 次提名也考虑在内的话，就更是如此了。

评价

对保罗·埃尔利希的第一次评价出现在 1902 年艾昆斯特和森德伯格的一份备忘录中，主要是评价他的免疫学工作。这份"关于埃尔利希工作的初步备忘录"与相同作者对待贝林对抗体的发现的那种轻慢的方式相比，显得全面而深入。这究竟是反映了作者对贝林和埃尔利希两种不同的科学品行的评价，抑或只是表明对评价任务本身的一种更尽责的态度，是一个悬而未决的问题。他们首先对埃尔利希用蓖麻毒素和相思豆毒素这两种植

物毒素进行动物免疫的工作做出了赞赏的叙述。在此，作者强调他采用逐渐增加毒素剂量的技术的重要性，这样得到了更好的免疫效果。他们也强调埃尔利希阐明了免疫能够通过母乳中的抗体传给后代，而不是通过遗传。艾昆斯特和森德伯格充分认识到了埃尔利希区分被动免疫（如在血清治疗中）和主动免疫（如作为像天花那样的疾病的后果）的重要性。他测定血清中抗体浓度的方法被称赞为成功的抗白喉血清治疗的关键重要因素。与1897 年白喉抗毒素定量方法的发表相联系，埃尔利希还描述了他的侧链理论，并讨论了毒素和抗毒素（抗原和抗体）是如何彼此结合的。这些至少在后来被证明是有争议的问题在 1902 年的这份备忘录中都有涉及，而在1903 年和 1904 年的备忘录中得到了进一步的分析。

与阿伦尼乌斯的冲突。1903 年，艾昆斯特和森德伯格联合起草了一份关于埃尔利希的备忘录，像以前一样，它其实是森德伯格写的，而艾昆斯特同意他这位同事的意见。1904 年，森德伯格是一份关于"埃尔利希血白细胞研究"的备忘录的唯一的作者，其结论是，单独这项工作不足以获得诺贝尔奖。在另一份备忘录中，他讨论了抗原与抗体之间的结合。森德伯格和艾昆斯特以前就曾得出结论认为这是一个化学键的问题，森德伯格还进一步表示："毒素和抗毒素，以及抗原和抗体之间的化学键现在总体来说已经得到了证明。"因此他拒绝梅契尼可夫的学生朱尔·博尔代（Jules Bordet）提出的更为模糊的生命力论的解释，而坚持同意埃尔利希的化学观点。在这一点上，他似乎得到了瑞典物理化学家斯凡特·阿列纽斯（Svante Arrhenius）的支持。森德伯格这样引用阿伦尼乌斯的话："埃尔利希先生的许多伟大功绩中的一个是，他总是在强调毒素和抗毒素及所有有关的抗原和抗体之间的反应中，发生着物理和化学的反应。"

到目前为止，埃尔利希和阿伦尼乌斯之间的一切都很好，但真正的问题是毒素（抗原）的真实性质。毒素是均一的吗？它含有在毒性或结合抗体能力方面具有不同性质的不同组分吗？争论的起点是埃尔利希做过的一个实验，在实验中他加入小量抗毒素来逐渐中和白喉毒素。他发现得到的曲线与以强碱中和（滴定）强酸为特征的简单实验不相对应。应该认识到，埃尔利希总是假设毒素和抗毒素之间的键很强，解离很少，出于实践的原因可以被忽略。这样毒素和抗毒素之间的反应就相当于用强碱滴定强酸，就能得到同样类型的曲线。

斯凡特·列伦纽斯（Svante Arrhenius, 1859—1927）

由瑞典斯德哥尔摩诺贝尔基金会提供

为了解释与预期的简单滴定曲线之间的偏差，他提出假设认为毒素不是均一的，而是由他所谓的"毒素"（toxin，强毒性并与抗体强结合）、"弱毒素"（toxon，弱毒性并与抗体弱结合）及"类毒素"（toxoid，无毒性且不与抗体结合）的混合物组成。他进一步假设这一组物质是"介体（amboceptors）"，也就是由一个能结合抗体的部分（haptophore，结合簇）和一个负责毒性的部分（toxophore，毒性簇）组成的物质。结合簇也被假设参与将不同的毒素组分结合到细胞表面。就是这个非常复杂的假设受到了阿伦尼乌斯的攻击。

埃尔利希测定抗体浓度的原创性方法是建立在一个动物模型的基础上的。测量的是在标准条件下，抗体在重250g的豚鼠身上抵消毒素的能力。这显然是一个非常复杂的测试系统，严重限制了可进行实验的数量。因此，埃尔利希创造出在体外的一种替代分析法，这种方法利用的是破伤风杆菌除神经毒素外还含有另一种能够导致红细胞溶解毒性物质（破伤风溶血素）的事实。用破伤风溶血素免疫合适的实验室动物能够产生一种对抗这种毒性物质的抗体（抗溶素），这样，现在人们就有了一个易于操作的，并可以进行几乎无数次实验的体外实验系统了。阿伦尼乌斯和他丹麦的合作者麦德森（Madsen）使用这套系统对抗原和抗体的相互作用进行了研究。

埃尔利希认为他在实验中得到的阶梯形曲线可以解释为不同种类白喉毒素与抗毒素相互作用的结果。另一方面，阿伦尼乌斯和麦德森在他们的实验中观察到一条连续的双曲线，他们认为这与弱碱（如氨水）滴定弱酸（如硼酸）的曲线相对应。因此他们假定抗原与抗体之间的键很容易解离，并完全否定了埃尔利希关于毒素和类毒素的观点。森德伯格十分小心，没有卷入到这两个观点不同科学家的争论中（斯凡特·阿伦尼乌斯获得1903年诺贝尔化学奖），出于谨慎，他没有对这个问题下结论。

至于侧链理论，森德伯格在1904年的备忘录中称这是一个很有价值的工作假设，它极大地刺激了免疫学的发展。他对埃尔利希的研究总结如下："我发现埃尔利希对于免疫学的贡献如此巨大，以至于他无疑必须被认为是够得上获得诺贝尔奖的。然而，在这方面，说到生物毒素分析和侧链理论，它们到目前为止只能被认为是很有价值的假设……"

伯爵和约翰森（Johansson）教授。卡尔·默纳伯爵不仅是医学生物化学教授和诺贝尔医学委员会的主席，还是卡罗林斯卡学院的院长。因此，他的角色不仅仅是一个负责评价保罗·埃尔利希任务的候选人。默纳无疑完成了一项细致的工作，他于 1906 年写了一份 70 页的备忘录。他将注意力集中于埃尔利希的免疫学工作，并从整体上考虑了艾昆斯特和森德伯格已经分析过的问题。不同的是默纳更加深入且细致。他讨论抗原和抗体间的相互作用的方式是十分符合事实的，这在他的备忘录中占了相当大的篇幅。在 1907 年的备忘录中，他在标题下面再一次提出这个问题："关于阿伦尼乌斯和埃尔利希之间争论的备忘录"（33 页）。最终，他用一种不同且更积极的观点肯定了侧链理论的重要性，认为其具有获得诺贝尔奖的价值。

在阿伦尼乌斯和埃尔利希冲突的问题上，默纳非常小心。他在 1907 年的备忘录中说："我不愿意批评阿伦尼乌斯的工作。我对阿伦尼乌斯在科学上的贡献的敬仰使我不愿意说任何可能会被解释为贬低他价值的话。当我觉得自己不得不反对他的某些论述时，我想将自己的反对限制在对摆在我们面前的问题而言绝对有必要的条件下。我也以备忘录形式给出我的评论，这些评论只提交给诺贝尔奖评选委员会，我相信委员会将这份备忘录看成完全保密的。我现在的目的不是让这些备忘录在学院教职员中交流。"

默纳在强调过对卡罗林斯卡学院教职员保密的重要性后，尝试了准确界定冲突究竟有哪些。他发现冲突主要是关于以下两方面的问题。

（1）埃尔利希的观点是，毒素和抗毒素如同强酸和强碱一样彼此牢固结合，为了实际方便起见，水解（这不是电解的问题）可以被排除。而另一方面，阿伦尼乌斯坚持将抗原和抗体形成的复合物比作弱酸和弱碱形成的盐，在水溶液中水解，除了盐以外，溶液中还有游离的酸和碱。

另一个问题与第一个相关。

（2）阿伦尼乌斯认为毒素和抗毒素之间反应的一些特性能用水解来解释。而埃尔利希坚持他的观点，认为这些特性依赖于毒素样品是含有不止一种抗毒素结合物质的混合物这一事实。

对于这个问题，默纳的一个重要观点是抗原-抗体反应是否遵守质量作用定律，是否能够根据质量作用定律的原理用数学进行处理。这也是阿伦尼乌斯的观点，但是埃尔利希不支持这么做。默纳通过很大努力试图表明对数据进行另一种数学方法处理，用不同的原理来解释，就能得到与阿伦尼乌斯用质量作用定律所得结果一样的可信结果。他还向杰出的德国物理化学家华尔瑟·能斯特（Walther Nernst）寻求支持。华尔瑟·能斯特根据

约翰·埃里克·约翰森（Johan Erik Johansson, 1862—1938）
由瑞典斯德哥尔摩卡罗林斯卡学院提供

默纳提供的数据认为抗原-抗体反应是不可逆的，质量作用定律不适用。与此同时，默纳在他的备忘录中反复强调抗原-抗体反应的真实特性就埃尔利希是否应获得诺贝尔奖而言并非绝对重要。总之，直到我们对抗原-抗体复合物分子的结构和特性有了更清晰的了解以后，这个问题才能被决定。

他比森德伯格还要早两年关注侧链理论。在1906年的备忘录中，默纳对埃尔利希在免疫学上的贡献说过如下的话："他的侧链理论是非常重要的。埃尔利希和他的合作者的这项实验工作将理论与研发紧密地联系在一起。因此侧链理论作为一个主要的争论也可能是将诺贝尔奖授予埃尔利希的一个原因，即使获奖决定中的措辞试图掩饰这个事实。

"我不想掩盖我曾有很长一段时间怀疑埃尔利希是否能够获得诺贝尔奖的事实。从医学科学的本质上讲，医学理论的重要性在被认为值得获得诺贝尔奖之前需要具有非常坚实的实验基础及被彻底地检测。

"经过仔细考虑，我认为埃尔利希的侧链理论已经达到了这个要求，幸亏有相当多的实验工作能够用于发展和保护它……我坚持推荐埃尔利希因其在免疫学上的工作获得诺贝尔奖，他在免疫学上的工作拓宽并加深了我们对这个领域知识的了解。"

在他1907年的备忘录中，默纳再一次强烈推荐埃尔利希作为诺贝尔奖候选人并强调与阿伦尼乌斯的争论不能影响他被提名。也许默纳对侧链理论如此强烈的举荐有点让人出乎意料。毫无疑问，他对于有实验支撑的这项理论的高度欣赏使他表现得有点缺乏批判精神。

默纳最后的一份备忘录起始于一个虔诚的愿望，即备忘录应该只在诺贝尔委员会中保存而不应该受到全体人员的关注。然而，这被证明只是个幻想。他的备忘录日期标记为"1907年7月"，然而在8月30日，研究所的生理学教授约翰·埃里克·约翰森（Johan Erik Johansson）向诺贝尔委员会提交了一份关于他自己的备忘录，在备忘录中他以十分随心所欲的方式对默纳进行了责骂，因为默纳对阿伦尼乌斯的批评和推荐埃尔利希作为诺贝尔奖候选人。约翰森教授主要沿两条主线进行争论。首先，默纳试图使用一个约翰森认为来源于质量作用方程（1875年，Jellet）将抗原-抗体反应数学化。尽管他承认，默纳的计算结果与观测到的数值十分吻合，但是他指出默纳的方程比阿伦尼乌斯的需要更多的假设。总之，约翰森认为默纳没有证明埃尔利希的观点是正确的。

约翰森争论的第二条线是关于他完全拒绝接受的侧链理论。他指出尽管埃尔利希坚称"这些现象具有化学特性",但事实上他自己都没有明白这个说法,他的理论也没有给观测提供任何数学量化的可能。因此,他的侧链理论很难被称为理论,而只是一个工作假说(由艾昆斯特在诺贝尔委员会中提出)。

在委员会收到约翰森的备忘录的两周以后,默纳以题为"1907年9月14日诺贝尔委员会上的声明(未提交手写报告),对于约翰森教授写信给诺贝尔委员会关于我对阿伦尼乌斯和埃尔利希之间的争论的备忘录的回复"的声明进行了回应。

尽管默纳被迫十分谨慎地处理涉及阿伦尼乌斯的事情,但是他对约翰森的态度并非如此,而是直言不讳。至今仍保留的声明显示了这位伯爵的愤怒。和往常一样,默纳集中在两点进行了相当详细的论述(18页)。他重复用数学方法处理抗原-抗体反应,坚称:"我不认为阿伦尼乌斯绝对否定埃尔利希的观点是公平的。"在他声明的结尾,默纳是这么回应约翰森对侧链理论的反对意见的:

"我现在看约翰森对于埃尔利希侧链理论的声明(第8页和第9页),他的叙述一定会让了解这个理论的人感到惊讶。就侧链理论而言,毒素和抗毒素之间的结合是与强酸和强碱之间的反应原理相同还是与弱酸和弱碱之间的反应原理相同的问题无关紧要。这个理论并不用来处理这个问题,这在文献中已经反复指出。只要约翰森教授不能解释埃尔利希的侧链理论中哪部分受到埃尔利希与阿伦尼乌斯之间的争论的影响,那么就没有理由也没有可能考虑他提出的声明。现在我只想抗议约翰森教授断言埃尔利希的侧链理论没有现实意义。约翰森教授的这种说法是错误的。埃尔利希熟悉现代有机化学,并且利用他的知识提出了侧链理论。

"约翰森教授在他信中所说没有改变我对于埃尔利希和阿伦尼乌斯争论的结论,争论不能阻碍埃尔利希获得诺贝尔奖。"

书面推荐。有几次埃尔利希离诺贝尔奖已经非常接近,但是直到1908年他才获奖。这一年轮到卡尔·森德伯格来写候选者的备忘录。他不像默纳那样对埃尔利希那么狂热,尤其对侧链理论没有那么感兴趣:

"以下是我对这个理论值得获诺贝尔奖的意见,而且我想强调一下以埃尔利希的侧链理论为基础的一些重要发现。尽管这个理论还没有准备好受到一个最终的评价，但是来源于这个假设的发现值得我们的认可。"

与默纳相比，森德伯格在他的评价中明显有所保留，他的备忘录没有为埃尔利希获得诺贝尔奖提供一个有效推荐。然而，在他选择了无法改变的立场之前没多久，约翰森教授又一次活跃起来。森德伯格给诺贝尔委员会提交的备忘录显示的是 1908 年 8 月 11 日，约翰森教授于 10 月 15 日就给卡罗林斯卡学院的全体人员发了一封信："反对森德伯格教授以诺贝尔奖评选委员会的名义写的关于埃尔利希 1908 年的备忘录"。第二天，他给全体人员又发了主题为"综合观察"的补充材料。约翰森重复了之前的观点，但是这次的信更具有挑衅性而且他对埃尔利希的蔑视更加明显。例如，他写了如下话语："尽管有所保留，但是给埃尔利希的奖看起来完全是因为侧链理论。

"有一个问题：卡罗林斯卡学院给这个理论颁奖是否值得？

"问题的关键是我们自己的同胞在纠缠这个问题。尽管他的论证还没有占主流，但是他在这场斗争中随时都有可能获得胜利。遇到这样的问题，对于大多数人来说很难有自己的观点，人们偏向于认同官方认可的观点。

"卡罗林斯卡学院的人员是不是应该利用授予诺贝尔奖的权利干预这场争论并坚定地作为同胞的对手出现？"

约翰森的信无视诺贝尔奖评选委员会而直接发给全体人员，这显然在某种程度上惹怒了委员会，导致了极为不寻常的后果。通常，委员会都是口头给研究所的人员提出建议，但是这次是以信的形式，日期显示是 10 月 21 日，并且有委员会全体成员的签名。

约翰森非常不明智地以爱国名义呼吁学院同事不要站在埃尔利希一边，这种方式让他自己陷于批评声中。诺贝尔奖评选委员会抓住这个机会打开了局面。第一次驳回约翰森对森德伯格备忘录的批评并没有使委员会对埃尔利希价值的评价失去兴趣，尽管如此，委员会随后说了下面这段话："约翰森教授坚持我们不应该授予埃尔利希诺贝尔奖，因为后者受到了我们一个同胞的攻击。然而，在我们看来，阿伦尼乌斯对埃尔利希的攻击没有从本质上削弱埃尔利希在免疫学进展上的贡献，因此这与爱国主义关系不大。"

之后，委员会又一次审核了埃尔利希在免疫学上的工作，指出阿伦尼乌斯在抗原-抗体相互作用的研究中使用的是他创造的实验方法。根据委员会的意见，阿伦尼乌斯对于埃尔利希的批评在国际上是不可接受的。相反，

"多年以来对埃尔利希提名诺贝尔奖说明在科学界有很多人支持埃尔利希，近年来也没有减弱。"

委员会着手提交书面推荐的唯一步骤，将1908年的诺贝尔奖应该授予保罗·埃尔利希和埃黎耶·梅契尼可夫的书面推荐提交给全体成员："我们坚持埃尔利希应该被授予今年的诺贝尔奖。

"我们也坚持推荐埃黎耶·梅契尼可夫。他有着开拓现代免疫学的研究，并在相当长的时间里领导其发展的伟大功绩。他的这些成就之后（通过对调理素等的研究）被赋予了新的活力和重要性。因此，把他排除在获奖者之外似乎是不正确的。

"我们认为对埃尔利希和埃黎耶·梅契尼可夫的奖励应该在今年解决，因为如果推迟的话，这个问题还会再次回到我们面前，而且那时并不会变得比现在更容易解决。

"我们想指出把奖同时颁给埃尔利希和埃黎耶·梅契尼可夫的原因是让人们认识到他们伟大的研究无疑都对免疫学的发展做出了贡献，而不是将这个奖作为评判各自理论正确性的手段。"

最终，学院遵从了委员会的建议，两天以后约翰森教授给全体人员的具有暗示的信没有使事情有所改变。在信中，他问："诺贝尔奖评选委员会强调给埃尔利希的颁奖不应该被推迟。但是为什么这么急切？既然诺贝尔委员会对于埃尔利希获奖的强硬立场如此肯定，以及对于阿伦尼乌斯批判的不重要性如此信服，同样对他免疫学工作的价值缺乏认识，为什么不能让这件事到此为止，以便让诺贝尔奖评选委员会以外的成员同样信服？诺贝尔委员会的先生们能否预感支持埃尔利希的观点的数量正在减少？阿伦尼乌斯的工作变得越来越被世人所了解。是不是这些先生们害怕埃尔利希在明年成为一个不成功的候选人？"

在反对埃尔利希候选资格的斗争中，约翰森教授对于诺贝尔委员会来说是个大麻烦。然而，他的批判是不是一无是处？

毫无疑问，埃尔利希建立的抗原-抗体反应这个复杂的模型中还有很多事情是存在疑问的，他的一些解释是比较牵强的。至少，在一定程度上，约翰森作为忠实的支持者可以站在阿伦尼乌斯一边。另一方面，人们也可以倾向于同意默纳和他同事的观点，抗原-抗体相互作用的模型还没有真正成熟，因为在那个时候对于互作分子间的结构还不了解。此外，这个问题对于埃尔利希成为诺贝尔奖候选人没有什么关系。保罗·埃尔利希将可能始终被看作最应该获得诺贝尔医学奖的人。

埃黎耶·梅契尼可夫

提名

埃黎耶·梅契尼可夫因为发现了吞噬现象在 1901 年获得三次提名，提名者包括他忠实的朋友埃米尔·鲁。在 1902 年、1903 年和 1904 年，他也获得了三次提名，以后，提名数稳定增加。同时，有几次提名在诺贝尔委员会的议案中被标记为无效。吞噬现象和细胞免疫在医学界无疑有相当多的支持者。

评价

对梅契尼可夫的第一次评价是 1902 年由艾昆斯特和桑德伯格进行的，尽管只有桑德伯格一人执笔。1904 年出现了一份新的关于梅契尼可夫的备忘录，这次桑德伯格是唯一的作者，在 1907 年和 1908 年也是这样。桑德伯格在他 1904 年的备忘录中将他对梅契尼可夫的工作的看法概括为："作为梅契尼可夫不可否认的功绩——撇开关于细节不谈——我认为他是毅然决然地去解决免疫的神秘性质问题的第一人。而且，他通过实验率先认识到在能杀伤细菌的血清中存在着一种特定的物质。这预示了菲佛（Pfeiffer）和博尔代（Bordet）的发现。尤其是，梅契尼可夫的工作为博尔代提供了重要的线索，使他最终解决了问题，阐明了溶菌和溶血需要两种物质。

"另一方面，我不认为梅契尼可夫已经证明他的吞噬是免疫主要原因的论断，即便这种情况有可能发生。

"将梅契尼可夫与埃尔利希比较，后者无疑对我们的知识做出了更大的贡献。"

在 1907 年备忘录中，桑德伯格促使人们注意英国科学家奥姆罗斯-怀特（Almrooth-Wright）的新结果；这些结果阐明了被他称为调理素的物质促进细菌被白细胞吞噬。桑德伯格认为调理素的发现使人们对因为抗体研究的伟大进展而正逐渐逊色的梅契尼可夫的结果重新产生了兴趣。在今天，人们不相信调理素的作用是如此重要。桑德伯格认为，免疫学领域的诺贝尔奖并不急迫，"因为可能更可取的做法是等待看到这一领域中的新思想是如何影响旧思想的。等待是没有风险的，因为目前免疫学的概念无疑需要比已经出现的观点更强有力的新论点。"桑德伯格 1908 年关于梅契尼可夫的备忘录甚至更加没有确定的结论。他甚至没有给出关于梅契尼可夫的功绩，以及他是否是 1908 年诺贝尔奖的主要候选人的明确的意见。

诺贝尔委员会中一个相对后来的人，细菌学家阿尔弗雷德·彼得森（Alfred Pettersson），也被要求写一份关于"梅契尼可夫有关免疫的研究"的备忘录。但是他给委员会的报告非常不同。这并不是因为他发现了什么新的事实，而是因为他与桑德伯格不同，他准备给出明确的推荐。他用下面的对梅契尼可夫成就的概括作为 15 页备忘录的结束语："他推动了关于免疫的一个理论，这个理论是以（通过无数的比较解剖学研究所确定的）某些细胞能够摄取并在细胞内消化固体的生理学性质为基础的。这是第一个以真实的观察为基础并且已经成形了的理论。

"他细致地研究了较高等的生物中何种细胞具有作为吞噬细胞的功能。

"他在很大程度上已经能够确定不同种类的吞噬细胞中的哪一种在不同的功能中具有活性。

"他发现了免疫血清具有促进吞噬的能力。

"他发现白细胞具有使细菌毒素变得无害的能力。

"他积极参与了溶血素和溶菌素的复杂性质的发现。

"他得出了一种刺激造血器官活性的新方法。

"因此，就我而言，梅契尼可夫通过其在免疫学方面的发现似乎够得上被授予诺贝尔奖。"

彼得森提交的功绩列表的细节当然可以讨论。这其中究竟多少应该归功于梅契尼可夫？其他人的工作主要是什么？同时，结论无疑是正确的。梅契尼可夫发现的吞噬现象对生物医学的影响当然有理由获得诺贝尔奖。我们已经看到，这也是学院方面的决定。回顾近一个世纪之前，当卡罗林斯卡学院将埃黎耶·梅契尼可夫的名字和保罗·埃尔利希的名字放在一起的时候，显然表现出了值得赞扬的远见。

阿尔弗雷德·彼得森（Alfred Pettersson, 1867—1951）

由瑞典斯德哥尔摩卡罗林斯卡学院提供

为诺贝尔奖辩护

在我们这个主张人人平等的时代，似乎很难说明每年给像科学和文学这样高人一等的东西发几百万美元的奖金是合情合理的。但是，假定这个问题可以讨论，那就让我们来辩论一番，无论如何，到现在为止，这个事实毕竟已经存在一个世纪了。另一个问题是发奖的机构在此期间是如何履行其职责的。总体而言，至少从诺贝尔奖的国际声望来判断，他们似乎做得相对比较好。人们经常说，最大的称赞就是有人试图模仿你。到目前为止，我们已经有了媒体经常提到的瑞典国家银行为纪念阿尔弗雷德·诺贝尔颁发的经济科学奖和"另类"诺贝尔奖（美好生活奖），这两个奖项都试图从真正的诺贝尔奖那里沾光。

诺贝尔将科学奖颁发给为人类做出最大贡献的人的愿望是怎样的？这毕竟是他在遗嘱中所说的话，应该相信他确实是这样打算的。但是出于实际操作的原因，我们总是将诺贝尔奖发给在纯科学领域做出最好研究的人。诺贝尔会满意我们现在选择得奖人的方式吗？他会觉得我们曲解了他遗嘱的意图吗？如果科学上的出色与造福人类之间确实有一些联系的话，那么这些的确是悬而未决的问题。我们选择科学的标准是因为它是我们唯一能够作为判断依据的吗？

自然科学和医学可被看作科学家已经建造上千年的事实和理论的古老建筑。与此同时，他们努力让旧的结构适应我们日益增长的知识中新的事实。这座值得敬重的建筑中的大部分看似没有任何实际用途。如果我们的动机仅仅是考虑对人类的好处，那么这个研究领域将是无人涉足的荒漠。反之，科学家们应该集中在明显有用处的研究领域。然而，事实远非如此。现如今的很多研究都是对人类有益处的问题，至少表面上是这样。对于新知识一视同仁的搜寻，也就是对智力的挑战，而不是其他研究目的，似乎是科学家们努力工作的原动力。

另一方面，为什么专注于对人类有益处的研究应该受到谴责？我们对于新事物的好奇心遗传自我们的祖先，这无疑是人类发展的先决条件，更是所有猿猴的共性的东西。直到诺贝尔奖出现，好奇心作为研究的最基本动力成为道德问题。最终，我们没有背离诺贝尔想要奖励那些给人类最多益处而不仅仅是在不同领域出色的科学研究的初衷，那么如何处理这种困境？

为了保护选拔的原则以防止这种殊荣可能带来的不愉快，颁奖机构唯一能做的就是建立基础研究和应用研究之间的桥梁。这是个复杂且有争议的问题，也许我们最好做一些研究中经常做的事情，寻找一个更简单的模型系统。让我们以这个领域没有诺贝尔奖为借口忽略人文学科，而选择一个显而易见具有实际应用的领域，如医学。

根据诺贝尔遗嘱中的规定，常被人们称为医学奖的实际是"生理学或医学奖"，人们当然想知道捐助者设立这个奖的意图是什么。人们推断诺贝尔这里指的是基础医学科学和临床医学两方面似乎是有道理的。所谓的基础医学科学即生理学、生物化学、病理学、微生物学等。在诺贝尔时代，生理学在这些基础医学科学中长期处于领导地位，并且它在整个学科中具有代表性。总之，作为基础医学科学的典型代表，生理学在诺贝尔的遗嘱中被作为设立奖项的一个领域是不争的事实。顺便说一句，我们之前提到的约翰·埃瑞克·约翰森教授，反对保罗·埃尔利希获得诺贝尔奖的人，最先劝说他的朋友阿尔弗雷德·诺贝尔在遗嘱中设立生理学或医学奖。十有八九，诺贝尔已经意识到不仅是生理学，所有基础研究都有可能惠及人类。对于我们来说，谁在做基础研究工作都是理所当然的，但是对于为所有基础研究提供资金的公众来说远没有那么明显。那么，除了诺贝尔授权以外，是不是还有我们能够基于自己的意见来做的事情？

首先，以临床实用方法为表现形式的医学进展与所有相关研究领域的普遍进展之间是有明显联系的。一个实用的临床上的突破被排除在整个医学研究之外是令人难以想象的；收集的知识代表着医学科学目前发展的阶段。然而，让我们进一步探究每一个发现的根源是什么。以临床上的重要发现来说，试图精确阐明这个科学系统的根源是需要非常全面的能力的。人们可能会想这个结果几乎总是来源于应用研究，显然他们只关注在新的临床上有用的方法。然而，这些进展很可能是基础医学研究多年的重要发现的集合，往往这种发现在临床上的实用性让人惊讶地耳目一新。

这在现如今看起来就是这么回事，但是在诺贝尔那个时代是什么情况呢？我们只能以前面提到的四位微生物学先驱作为适当的例子。关于罗伯特·科赫，很显然他在临床上的重要成就与他在基础研究中的工作密切相关。很大程度上来说，科赫最终奠定了医学微生物学的基础并解决了基本技术，他以发现结核菌是结核发病的原因完成了研究生涯。作为科学家，他唯一的巨大失误是对结核菌素的应用研究，他在时机未成熟时花费了太多时间试图寻找结核病的解药。

有人可能会说埃米尔·冯·贝林在抗体发现方面的工作明显是以临床应用为目的的。同时，与科赫一样，贝林也花费了数十年辛苦努力寻找结核病的解药，最终以失败而告终。有些在现实中推测的知识和科学进展未来还需要很长时间来研究。从很大程度上讲，直到一个世纪以后的今天，这个目标仍未达成。

保罗·埃尔利希是从事基础医学研究的科学家的典范，他在免疫学治疗方面的研究理论起到非常重要的作用。作为化学治疗上的第一个巨大突破，他对于洒尔佛散的开发直接将他早期关于染料和细胞结构之间化学亲和力的理论联系起来，第一次将此方法用于组织学染色，并最终用于特异性药物研究。

最后，用埃黎耶·梅契尼可夫自己的话来说，他最初是一名海洋生物学家，但是他对吞噬作用的研究彻底影响了医学的思维方式，最终他成为一名病理学家。

也许我们希望根据捐助者的意图宣布获奖工作。当我们选择诺贝尔科学奖获奖者的时候只考虑他们研究的质量而不管这个研究结果可能以多快的速度被应用。最终，很多事情表明，神秘的基础研究也许才是对人类益处最大的。

参 考 文 献

Behring, Emil. "Über Iodoform und Iodoformwirkung." *Deutsche med. Wochenschrift* **8**, 146–148 (1882).

Behring, Emil and Kitasato, Shibasaburo. "Über das Zustandekommen der Diphterie-Immunität und der Tetanus-Immunität bei Tieren." *Deutsche med. Wochenschrift* **16**, 113–114 (1890).

Behring, Emil. "Untersuchungen über das Zustandekommen der Diphterie-Immunität bei Tieren." *Deutsche med. Wochenschrift* **16**, 1145–1148 (1890).

Behring, Emil. *Tuberkulosebekämpfung* (Marburg, 1903).

Behring, Emil. "Über ein neues Diphterieschutzmittel." *Deutsche med. Wochenschrift* **39**, 873–876 (1913).

Ehrlich, Paul. *Beiträge zur Theorie und Praxis der histologischen Färbung* (Inaug. dissert., Leipzig University, 1878).

Ehrlich, Paul. "Experimentelle Untersuchungen über Immunität. I. Über Ricin. II. Über Abrin." *Deutsche med. Wochenschrift* **17**, 976–979, 1218–1219 (1891).

Ehrlich, Paul. "Die Wertbemessung des Diphterieheilserums und deren theoretische Grundlagen." *Klinische Jahrbuch* **6**, 299–326 (1897).

Ehrlich, Paul. "On Immunity, With Special Reference to Cell Life." *Proc. Royal Soc.* **66**, 424–448 (1900).

Ehrlich, Paul. "Die Behandlung der Syphilis mit dem Ehrlichschen Präparat 606." *Deutsche med. Wochenschrift* **36**, 1893–1896 (1910).

Ehrlich, Paul. "Die Salvarsantherapie. Rückblicke und Ausblicke." *Münchener med. Wochenschrift* **58**, 1–10 (1911).

Greuling, Walter. *Paul Ehrlich. Leben und Werk* (Econ-Verlag, Düsseldorf, 1954).

Kathe, Johannes. *Robert Koch und sein Werk* (Akademie Verlag, Berlin, 1961).

Koch, Robert. "Die Aetiologie der Milzbrand-Krankheit, begründet auf die Entwicklungsgeschichte des Bacillus Antracis." *Beiträge zur Biologie der Pflanzen* **2**, 277–311 (1876).

Koch, Robert. "Verfahren zur Untersuchung, zum konservieren und photographieren der Bakterien." *Beiträge zur Biologie der Pflanzen* **2**, 399–434 (1877).

Koch, Robert. "Zur Untersuchung von pathogenen Organismen." *Mitteilung aus dem Kaiserlichen Gesundheitsamt* **1**, 1–48 (1881).

Koch, Robert. "Die Aetiologie der Tuberculose." *Berliner klinische Wochenschrift* **19**, 221–230 (1882).

Koch, Robert. "Weitere Mitteilungen über ein Heilmittel gegen Tuberculose." *Deutsche med. Wochenschrift* **16**, 1029–1032 (1890).

Koch, Robert. "Cholera-Berichte aus Egypten und Indien." *Deutsche Vierteljahrsschrift für öffentliche Gesundheitspflege* **16**, 493–515 (1884).

Koch, Robert. "The Fight Against Tuberculosis in the Light of Experience Gained in the Successful Combat of Other Infectious Diseases." *Br. Med. J.* **2**, 189–193 (1901).

Metchnikoff, Elie. *Lecons sur la pathologie comparée de l'inflammation* (Institut Pasteur, 1892).

Metchnikoff, Elie. *L'immunité dans les maladies infectieuses* (Institut Pasteur, 1901).

Metchnikoff, Olga. *Life of Elie Metchnikoff* (Constable & Co, London, 1921).

Möllers, Bernhard. *Robert Koch. Persönlichkeit und Lebenswerk* (Schmorl und von Seefeld Nachf., Hannover, 1950).

Schück, Henrik; Sohlman, Ragnar; Österling, Anders; Liljestrand, Göran; Westgren, Arne; Siegbahn, Manne; and Schou, August. *Nobel, The Man and His Prizes* (The Nobel Foundation, Ed., Stockholm, 1950).

Zeiss, H. and Bieling, R. *Behring — Gestalt und Werk* (Bruno Schultz Verlag, Berlin-Grunewald, 1940).